草书（陈大羽）

Zhōngguózì

Rènzhī (Hàn-Yīng Bǎn)

中国字

认知（汉英版）

对外汉语教材

万业馨　著

A Chinese Language Course for Universities and Schools

Wan Yexin

商務印書館
SINCE 1897 The Commercial Press

Zhōngguózì · Rènzhī (Hàn-Yīng Bǎn)

A Chinese Language Course for Universities and Schools
Wan Yexin

English Helen Wallimann
Book design Musqueteers GmbH, Zurich/www. musqueteers. ch

图书在版编目(CIP)数据

中国字·认知：汉英版／万业馨著. —北京：商务印书馆，2014
ISBN 978-7-100-10123-3

Ⅰ.①中… Ⅱ.①万… Ⅲ.①汉字—对外汉语教学—教学参考资料 Ⅳ.①H195.4

中国版本图书馆CIP数据核字（2013）第158237号

中国字·认知（汉英版）
万业馨 著

商 务 印 书 馆 出 版
（北京王府井大街36号 邮政编码100710）
商 务 印 书 馆 发 行
北京中科印刷有限公司印刷
ISBN 978-7-100-10123-3

2014年1月第1版 开本 880×1230 1/16
2014年1月北京第1次印刷 印张 15¾
定价：118.00元

目录

写汉字

第一课　笔顺和旅游

笔顺就是书写时笔画的先后顺序——写一个字，先写哪一笔，再写哪一笔，最后写哪一笔。在有的字典里可以查到每个汉字的笔顺。书写需要正确的笔顺，就像旅游需要导游图一样。

你要去中国旅游，旅行社说：第一天从北京飞上海，第二天到东北，第三天去南京。你一定会说："怎么这么乱？这是浪费我的钱和时间！"写汉字也一样，用正确的笔顺写汉字，可以写得又快又好看，而且不容易写错。

1 生词和生字

1.1 生词

笔顺	bǐshùn	stroke order
旅游	lǚyóu	to travel;tourism
时	shí	when
先后	xiānhòu	one after another
顺序	shùnxù	order
最后	zuìhòu	finally
有的	yǒude	(there are) some
需要	xūyào	to need
正确	zhèngquè	right,correct
像……一样	xiàng … yīyàng	to be like
导游图	dǎoyóutú	tourist map
旅行社	lǚxíngshè	travel agency
飞	fēi	to fly
一定	yīdìng	certainly
乱	luàn	chaotic, arbitrary
浪费	làngfèi	to waste
容易	róngyì	easy
又……又……	yòu … yòu …	both … and
快	kuài	fast
而且	érqiě	moreover
错	cuò	wrong

1.2 生字

笔	bǐ	顺	shùn	旅	lǚ	游	yóu	画	huà
序	xù	需	xū	正	zhèng	确	què	典	diǎn
里	lǐ	每	měi	查	chá	像	xiàng	导	dǎo
图	tú	社	shè	飞	fēi	定	dìng	乱	luàn
浪	làng	和	hé	间	jiān	容	róng	易	yì
又	yòu	快	kuài	而	ér	且	qiě	错	cuò

2 练习

2.1 写出笔顺规则（guīzé "stroke order"）

先 ________ 后 ________

先 ________ 后 ________

从 ________ 到 ________

从 ________ 到 ________

先 ________ 后 ________

先 ________ 后 ________ 再 ________

先 ________ 后 ________

2.2 我的字典词典

2.2.1 我的字典词典之一：用"子"组词语

____子 ____子 ____子 ____子 ____子 ____子 ____子

____子 ____子 ____子 ____子 ____子 ____子 ____子

____子 ____子 ____子 ____子 ____子 ____子 ____子

2.2.2 我的字典词典之二：组字组词语

（1）

			字	词语
女	毛	→	笔	笔画，笔顺
⺮	子	→		
哥	巴	→		
扌	可	→		
可	欠	→		
木	又	→		
穴	取	→		
门	牙	→		
日	旦	→		
氵	口	→		
亻	耳	→		
门	𠬝	→		
氵	寸	→		
巴	良	→		
㫃	象	→		

（2）

				字		词语										
日		女	→													
土		与	→													
冖		寸	→													
舌		也	→													
宀		乚	→													
钅		寸	→													
石		昔	→													
又		谷	→													
宀		而	→													
⻗		角	→													
亻		土	→													
川		口	→													
礻		可	→													
禾		良	→													
氵		页	→													

2.2.3 我的字典词典之三：形旁—字—词语/声旁—字—词语

（1）形旁—字—词语

组字		组词语														
口		口	语,	可	口											
口		走	ba													
口			饭,		馆	子,	好	,	难	,	小		店			
口			水,		茶,		酒,		咖	啡,		汤,		粥		
口		jiào	什	么	名	字										
口		贵	ma													
口			里,		儿,		些									
口			写,		力,		录	音,		音	乐					
口		打	招													
口			啡													
口			酒													
口			道,	风												
口			道													
口		你	hé	他												
口			码													
口			题,	请												
口			字,		片,		人,	姓	,	有	,	起		字		

（2）声旁—字—词语

组字		读音		组词语			
马		mǎ		马	，	马	
马							
马				号			
马				贵	ma		
介		jiè		介			
介					钱，	砍	
介				世			
号		hào		号	码		
丂					克	力	奶
丂					试		
考					鸭		
亥				应			
亥					子		
亥				一		钟	

2.3 查《现代汉语词典》

班级 ________ 姓名 __________ 完成时间 ______年____月____日

	页	部首/笔画数	字的笔画数	读音	词义（第一项）
思					
闻					
公					
班					
帮					

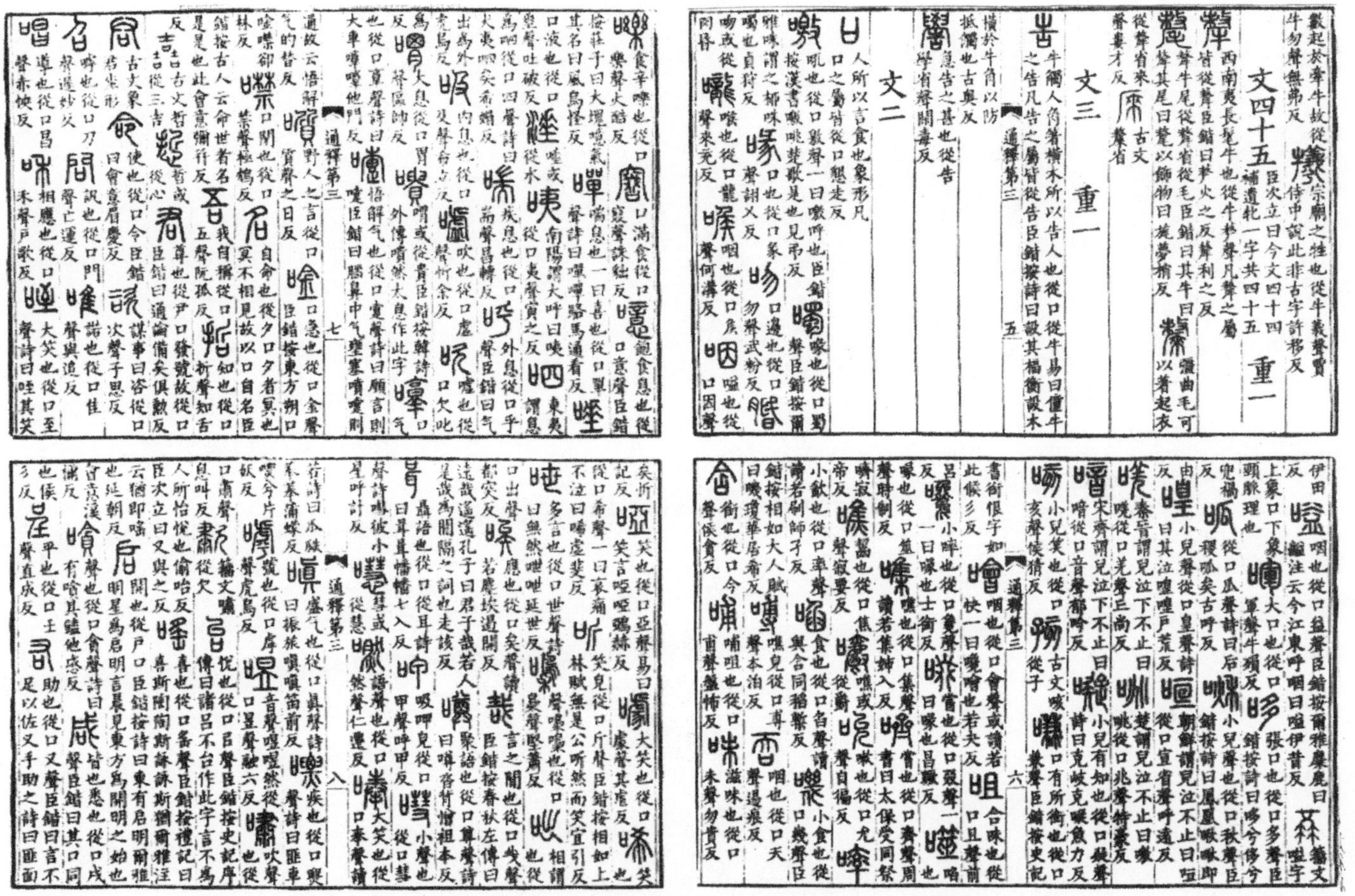

[东汉] 许慎《说文解字》口部字 (121年)

第二课　部首

每个部首和这个部里的字像一个家庭：部首是父亲，部里的字是这家的孩子。有的家庭大一点儿，有的小一点儿。孩子们都用父亲的姓，一看到“吃、喝、叫、问、吗、吧、呢、咖、啡”这些字的形旁，就知道他们都是口家的孩子，我们叫他们口部字。每个孩子的名字都不一样，只有读出每一个字的音，才是认识了每个孩子。

虽然每个字的读音不一样，但是他们都跟口的意思有关系：“吃、喝、叫、问”是跟口有关系的动词；“吗、吧、呢”放在句尾表示说话的语气；“咖啡”是根据外语语音翻译的词。

1 生词和生字

1.1 生词

部首	bùshǒu	index key
部	bù	part, section, class
家庭	jiātíng	family
一……就……	yī … jiù …	as soon as …
看到	kàndào	to see
形旁	xíngpáng	signific
只有……才是……	zhǐyǒu … cái shì …	only if …
读出	dúchū	to read out, read aloud
音	yīn	pronunciation
虽然	suīrán	although
读音	dúyīn	pronunciation
但是	dànshì	but, however
跟……有关系	gēn … yǒu guānxi	to have something to do with
句尾	jùwěi	end of the sentence
表示	biǎoshì	to express
语气	yǔqì	mood
根据	gēnjù	according to

1.2 生字

庭	tíng	们	men	呢	ne	些	xiē	形	xíng
旁	páng	但	dàn	只	zhǐ	根	gēn	据	jù
读	dú	出	chū	音	yīn	才	cái	认	rèn
识	shí	虽	suī	然	rán	意	yì	系	xì
动	dòng	句	jù	尾	wěi	表	biǎo	示	shì
气	qì	咖	kā	啡	fēi	翻	fān	译	yì

2 练习

2.1 请写出你认识的三个汉字家庭的“姓”（部首）、孩子们的名字和读音

2.2 我的字典词典

2.2.1 我的字典词典之一：用“天”“年”“间”组词语

（1）

____天 ____天 ____天 ____天 ____天 ____天

天____ ____天 ____天

（2）

____年 ____年 ____年 ____年 ____年

____年 年____ 年____

（3）

____间 ____间 ____间 ____间

2.2.2 我的字典词典之二：组字组词语

（1）

				字		词语										
广		日	→													
门		予	→													
扌		羽	→													
番		斿	→													
氵		非	→													
云		勿	→													
亻		司	→													
口		旦	→													
讠		力	→													
日		巴	→													
讠		亍	→													
彳		乞	→													
又		董	→													
忄		见	→													
口		卖	→													

（2）

				字		词语
忄		贝	→			
弗		贯	→			
力		垂	→			
目		文	→			
方		口	→			
是		加	→			
田		方	→			
⻊		心	→			
户		页	→			
口		艮	→			
夂		艮	→			
木		方	→			
冖		勺	→			
白		豕	→			
讠		朩	→			

2.2.3 我的字典词典之三：形旁—字—词语/声旁—字—词语

（1）形旁—字—词语

组字	组词语
水	___水
氵	___语，语___，做___，书___
氵	___鲜，上___
氵	___语，___字，___人
氵	长___
氵	___南，___北
氵	___家，___水，白___，啤___
氵	___有，___关系，___意思，___事儿
氵	酸辣___，喝___
氵	___蓝
氵	___意
氵	___楚，___新
氵	___费
氵	___澡
氵	___泳，旅___，导___图
氵	果___，橘子___，收___
氺	豆___

（2）声旁—字—词语

组字	读音	组词语
是	shì	是___，是___，是___，是
是	___	问___
是	___	___前
门	mén	___门，___门
门	___	我/你/他/她/它/咱___
门	___	新___
门	___	___题，请___
巴	___	
巴	___	走___ ba
巴	___	___ bǎ 水喝了
包	bāo	包___，包___，包______，___包，___包
包	___	吃___ bǎo 了
包	___	___步
包	___	___子

2.2.4 我的字典词典之四：接龙

				小		姨		bù				kàn	不	jiàn		ān
辅	dǎo						lǚ	行	shè		hǎo	懂				排
				店		chà			会	huà					天	
	图		馆		duì	不	qǐ					女	qīng	年		shí
		xiě							正	què		hái				字
			yù	报				不	zài		bēi	子		yīng	语	
			习				写	cuò					zhōng	文		
		生					zuò		这	zhǒng		xià	午		房	zū
	hòu						业		xiē			班		之	jiān	
	顺			机							wǎng		美			
	xù		开	huì					zuǒ	右					结	shù
			shǐ					shàng	边		大		馆		hūn	
				diǎn		必	xiū	课			gē					
zhū	肉	chǎo		菜		xū								词		
		饭			kù			nán			西	fú		yǔ	音	
			bāo	jiǎo	子		huáng	瓜		中	cān					qì
		qún	子				油			guó			哲		家	
hē	茶								shuō	话				xiào		

汉字的写法

第三课　形旁和字的意思

字的意思跟形旁有关系。但是有时候，一个字的意思好像跟形旁没关系。例如，“思”和“想”都是大脑的活动，汉语里也说“这个人脑子不清楚”，但是它们都在心部。还有快跑的“快”，怎么也用心（忄）旁呢？

汉字有几千年的历史，现在有些字的意思变了，但是写法还跟本来差不多。上面这些字都在心部，说明古人认为都是心在工作。而且“快”的意思，本来就跟人的心情有关系。我们今天还说“快乐”，这个“快”的意思就是古代汉语里的意思。

1 生词和生字

1.1 生词

例如	lìrú	for example
大脑	dànǎo	brain, cerebrum
它们	tāmen	they (nonhuman)
跑	pǎo	run
旁	páng	components of a Chinese character
历史	lìshǐ	history
有些	yǒuxiē	(there are) some
变	biàn	to change
写法	xiěfǎ	way of writing
本来	běnlái	original
上面	shàngmiàn	above
说明	shuōmíng	to explain, indicate
古人	gǔrén	the ancients, forefathers
心情	xīnqíng	mood, frame of mind
快乐	kuàilè	happy, merry

1.2 生字

例	lì	如	rú	脑	nǎo	清	qīng	楚	chǔ
它	tā	跑	pǎo	千	qiān	历	lì	史	shǐ
变	biàn	活	huó	古	gǔ	为	wéi	乐	lè
代	dài								

2 练习

我的字典词典

2.1 我的字典词典之一：用“饭”“餐”“衣”组词语

（1）

饭_____ 饭_____

_____饭 _____饭 _____饭 _____饭

_____饭 _____饭 _____饭 _____饭 _____饭

（2）

_____餐 _____餐 _____餐 _____餐 _____餐

_____餐_____

（3）

衣_____ _____衣 _____衣 _____衣 _____衣

2.2 我的字典词典之二：组字组词语

（1）

				字	词语
日		冬	→		
口		疋	→		
讠		胡	→		
氵		段	→		
亻		亥	→		
京		亥	→		
氵		且	→		
广		酉	→		
女		尤	→		
子		廷	→		
忄		廷	→		
扌		吾	→		
酉		辶	→		
关		昔	→		
讠		央	→		

（2）

				字	词语
氵		井	→		
口		争	→		
冫		工	→		
广		丩	→		
讠		林	→		
扌		舌	→		
此		居	→		
氵		虫	→		
口		又	→		
亦		二	→		
亻		非	→		
𠂇		见	→		
口		青	→		
⺍		弋	→		
冫		月	→		

2.3 我的字典词典之三：形旁—字—词语/声旁—字—词语

（1）形旁—字—词语

组字		组词语														
心		心	，		心，		心，		心							
忄		很	máng													
忄		好	dǒng													
忄			况，	心												
忄		习														
忄			乐，		跑											
心		nín	好													
心			思，		见，	愿	，	满	，	注						
心		xiǎng	去	……												
心			么，		么	样										
心		意														
心		性														
心		niàn	课	文												
心			度													
心		信	，	休												
心			意													
心		wàng	了													

（2）声旁—字—词语

组字	读音	组词语
古	gǔ	古___，古___，___古___
古	___	___事，___事片儿
古	___	kǔ 咖啡
古	___	___娘
姑	___	蘑___
方	fāng	方___，方___，方___，方，___方
方	___	___问
方	___	___假
方	___	___间，___租
方	___	___边，形___
𠃓	___	市___
𠃓	___	表___
𠃓	___	酸辣___，喝___
汤	___	汤很___

2.4 我的字典词典之四：接龙

	买			一	kè	zhōng						短	ǎo			mǎi
guǎng						点	cài			牛		kù			liáng	菜
	西	bù			手				fàn				bái		水	
		首	fǔ		jī		měi	shù	馆		喝	pí	酒			
				làng	费						rè					海
	阅	dú					jiǔ	家			茶			běi	边	
		书	xiě			kāi	水			yán				京		
					shěng	会		yín		色		sù		yǔ	bàn	
		míng	字					行			xián	菜		言		
		人		kǎn	价					guó						
合	zī		普		qián	包			wài	语			zhōng	学		
shì						kuò		qián	边		日	běn	国			
		diàn	话				yǐ	后			qī		rén	民		xué
	xué	费				tí	前		guò	时						
xīng	期			新	wén					máo					wèi	
			海	xiān			教		jú			可	kǒu			
guā	风				bàn	公	shì				不	néng		zěn	么	yàng
	wèi	道				sī		guǒ	汁		yòng		shén	么		子

汉代彩绘帛画（前179—前163年）

第四课　形旁与古代文化

注意形旁，可以知道很多古代文化知识。例如蓝色的“蓝”有草字头，因为蓝色是从蓝草中得到的；“红、绿、紫”都在糸（丝）部，因为在中国古代，丝绸已经可以染成各种颜色。

现在世界各国的钱大多是纸币，例如人民币、欧元、美元、日元等等，金属做的是零钱。汉字“钱”在金部，因为中国古代用金属做钱，后来才用纸做钱。同样，“買（买）、賣（卖）、資（资）、費（费）、貴（贵）”都跟钱有关系，繁体字都在貝（贝）部，因为古代还用贝做钱。

1 生词和生字

1.1 生词

与	yǔ	and
知识	zhīshi	knowledge
从……中	cóng … zhōng	out of,from
蓝草	láncǎo	true indigo (plant)
得到	dédào	to get,obtain
紫	zǐ	purple,violet
丝绸	sīchóu	silk
染成	rǎnchéng	to dye
各国	gè guó	every country
大多	dàduō	mainly,mostly
金属	jīnshǔ	metal
零钱	língqián	small change (money)
后来	hòulái	later,afterwards
纸	zhǐ	paper
同样	tóngyàng	same,similar
繁体字	fántǐzì	the original complex form of a simplified Chinese character
贝	bèi	shell,cowrie

1.2 生字

与	yǔ	注	zhù	颜	yán	色	sè	蓝	lán
草	cǎo	绿	lǜ	紫	zǐ	丝	sī	因	yīn
绸	chóu	已	yǐ	经	jīng	染	rǎn	成	chéng
各	gè	世	shì	界	jiè	纸	zhǐ	币	bì
民	mín	欧	ōu	元	yuán	美	měi	零	líng
属	shǔ	做	zuò	同	tóng	贵	guì	繁	fán
体	tǐ	贝	bèi	化	huà				

2 练习

我的字典词典

2.1 我的字典词典之一：用“边”“家”组词语

（1）

_____边　_____边　_____边　_____边

_____边　_____边　_____边　_____边

_____边　_____边　_____边　_____边

_____边

（2）

_____家　_____家

_______家　_______家　_______家　_______家

_____家　_____家　_____家　家_____　_____家_____

2.2 我的字典词典之二：组字组词语

（1）

				字		词语
亻		人	→			
人		寻	→			
女		辶	→			
力		疋	→			
林		古	→			
讠		马	→			
手		系	→			
夂		目	→			
敏		兑	→			
女		口	→			
厂		各	→			
宀		心	→			
亻		王	→			
胡		列	→			
亠		力	→			

（2）

			字	词语
忄	快	→		
尸	令	→		
冫	亡	→		
口	禹	→		
⺮	卑	→		
亻	女	→		
⻊	匕	→		
覀	早	→		
艹	人	→		
讠	包	→		
月	包	→		
尸	也	→		
饣	灬	→		
女	卤	→		
肰	毛	→		

2.3 我的字典词典之三：形旁—字—词语/声旁—字—词语

（1）形旁—字—词语

组字			组词语													
言			言,		言											
讠			问													
讠		应														
讠		会	,	说	,	对	,	电	,	普	通/	北	京/	上	海	
讠			问,		客											
讠		他	是	shuí												
讠			话,		明											
讠			言,		音,		法,	国/	口/	外	,	汉/	法/	德/	英	
讠			典,	生	,	名/	动/	代/	形	容/	副/	介/	数/	量/	助	
讠			书,		音,	阅										
讠			识,		为											
讠			文,		程	表,	上	,	下	,	必	修	,	选	修	
讠			字,	认	,	知										
讠		考														
讠		tiáo	好													
讠																
言			息,	短												

（2）声旁—字—词语

组字	读音	组词语
化	huà	化
化	___	___钱，___茶，___椒粉
化	___	___子
化	___	___币
化	___	___侨
华	___	______响
末	mò	末，___末
末	___	___子
末	___	___莉茶
令	___	天气很___（lěng）
令	___	保___球
令	___	___钱
北	běi	北___，北___，___北
北	___	___心

2.4　我的字典词典之四：接龙

	上		gè	体	hù				地	zhǐ		gǔ		rì		字
	miàn	条		yù			dǎo	游	tú	×	xiàn	代		语	cí	diǎn
suī	×				比	jiào	×	yǒng			在					
然		×	lán	球	sài	×	xìng			确					zhǔ	烂
	天					qǐ	名							zuò	饭	
				说		床			一	xīng	qī			到		
	工			huà					xià			听	dǒng		xíng	
牌	×		脑	×	今	hòu			子	zhī					容	yì
	wài	衣	×	前			nǎo	子			dú	音		名		
zhōng	国		后	pái							kè			zì		书
间									niàn	kè	文		别			
		bù	在	le		kuài	乐			chéng		有	de		zuò	家
			xiàn			餐				表		xiē	×		业	
不	qīng	楚		小		diàn							kè	人		
								ài	人		公		气	×	一	bān
看	jiàn				饭		nǐ	好*	×	知	dào			zhōng		
	面	bāo				zán	们	×	认	shi		qīng			儿	
		括						因	wéi wèi*			新	wén			

* 表示这个字在两个词语中读音不一样，例如：因wèi，认wéi；nǐ好（hǎo），ài好（hào）。下同。

汉语词典(商务印书馆毛尧泉先生摄)

第五课　查词典

汉语词典有很多种，在不同的词典里，同一个字有时候会放在不同的部。

《辞源》是语文类大词典，根据形旁可以知道一个字在哪个部。《辞海》是百科词典，很多人都会用它，有的人不知道字的形旁，所以《辞海》根据偏旁位置决定字的部首。例如，“先左后右”，就是先看字的左边，部首表里有没有。如果没有，再看右边。“先外后里”，就是先看外边，再看里边。所以，《辞源》把“问”字放在口部，《辞海》放在门部。

有的词典两种分类法都用，读者用哪种方法都可以找到自己要查的字。

1 生词和生字

1.1 生词

不同	bùtóng	different
同	tóng	same
辞源	Cíyuán	Ciyuan (classical Chinese dictionary)
语文	yǔwén	Language and script
类	lèi	kind, sort, category
辞海	Cíhǎi	Cihai (encyclopedic dictionary)
百科词典	bǎikē cídiǎn	encyclopedia
所以	suǒyǐ	therefore
偏旁	piānpáng	component
位置	wèizhì	position
决定	juédìng	to determine, decide
先……后……	xiān … hòu …	first …, then …
左	zuǒ	the left side
右	yòu	the right side
如果	rúguǒ	if
外	wài	outside
分类法	fēnlèifǎ	categorization
读者	dúzhě	reader
方法	fāngfǎ	method

1.2 生字

词	cí	辞	cí	源	yuán	类	lèi	科	kē
所	suǒ	偏	piān	位	wèi	置	zhì	决	jué
左	zuǒ	果	guǒ	右	yòu	外	wài	把	bǎ
两	liǎng	者	zhě	自	zì	己	jǐ		

2 练习

2.1 我的字典词典

2.1.1 我的字典词典之一：用“名”“色”组词语

（1）

名____ 名____ 名____ ____名 ____名

（2）

____色 ____色 ____色 ____色 ____色 ____色 ____色

____色 ____色 ____色 ______色 ______色

2.1.2 我的字典词典之二：组字组词语

（1）

				字		词语
⻗		本	→			
亻		令	→			
纟		大	→			
𦍌		欠	→			
区		周	→			
饣		历	→			
日		火	→			
并		免	→			
汤		反	→			
冫		瓦	→			
冂		殳	→			
冫		口	→			
亻		木	→			
氿		门	→			
女		玉	→			

（2）

				字		词语
亻		刂	→			
土		文	→			
古		故	→			
口		央	→			
至		马	→			
冫		尼	→			
今		凡	→			
口		佥	→			
月		㒼	→			
氵		心	→			
女		疋	→			
讠		齐	→			
宀		介	→			
氵		良	→			
亻		炎	→			

2.1.3 我的字典词典之三：形旁—字—词语/声旁—字—词语

（1）形旁—字—词语

组字	组词语
女	女＿，女＿，女＿＿，女＿＿＿，＿女
女	＿看，＿吃，＿懂，调＿，爱＿
女	＿＿，妹，小＿
女	＿们
女	＿＿，姐＿
女	＿名，贵＿
女	＿女
女	＿娘
女	结＿
女	＿＿，牛＿，酸＿，巧克力＿
女	姑＿
女	阿＿
女	＿＿
女	肉很＿（nèn）
多	多＿，多＿，＿多
多	能＿

（2）声旁—字—词语

组字		读音			组词语											
工		gōng		工	，	工	，	工	，	工	，		工，			工
工					茶，		色，	粉		色，		桥				
工				长												
工					链											
工				有	，	填										
夬				一	kuài	手	表									
夬					定											
夬					乐，		跑									
快					子，	碗										
监					色，		草，	浅	，	深						
监					球											
[illegible]				展												
比		bǐ		比	，	比										
比					评											

2.2 查词典

班级 ________ 姓名 ______________

	词典	册/页	部首/笔画数	字的笔画数	读音	释义（第一项）
名	《汉语大词典》					
	《辞源》					
	《辞海》					
视	《汉语大词典》					
	《辞源》					
	《辞海》					
堂	《汉语大词典》					
	《辞源》					
	《辞海》					

续表

	词典	册/页	部首/笔画数	字的笔画数	读音	释义（第一项）
思	《汉语大词典》					
	《辞源》					
	《辞海》					
问	《汉语大词典》					
	《辞源》					
	《辞海》					

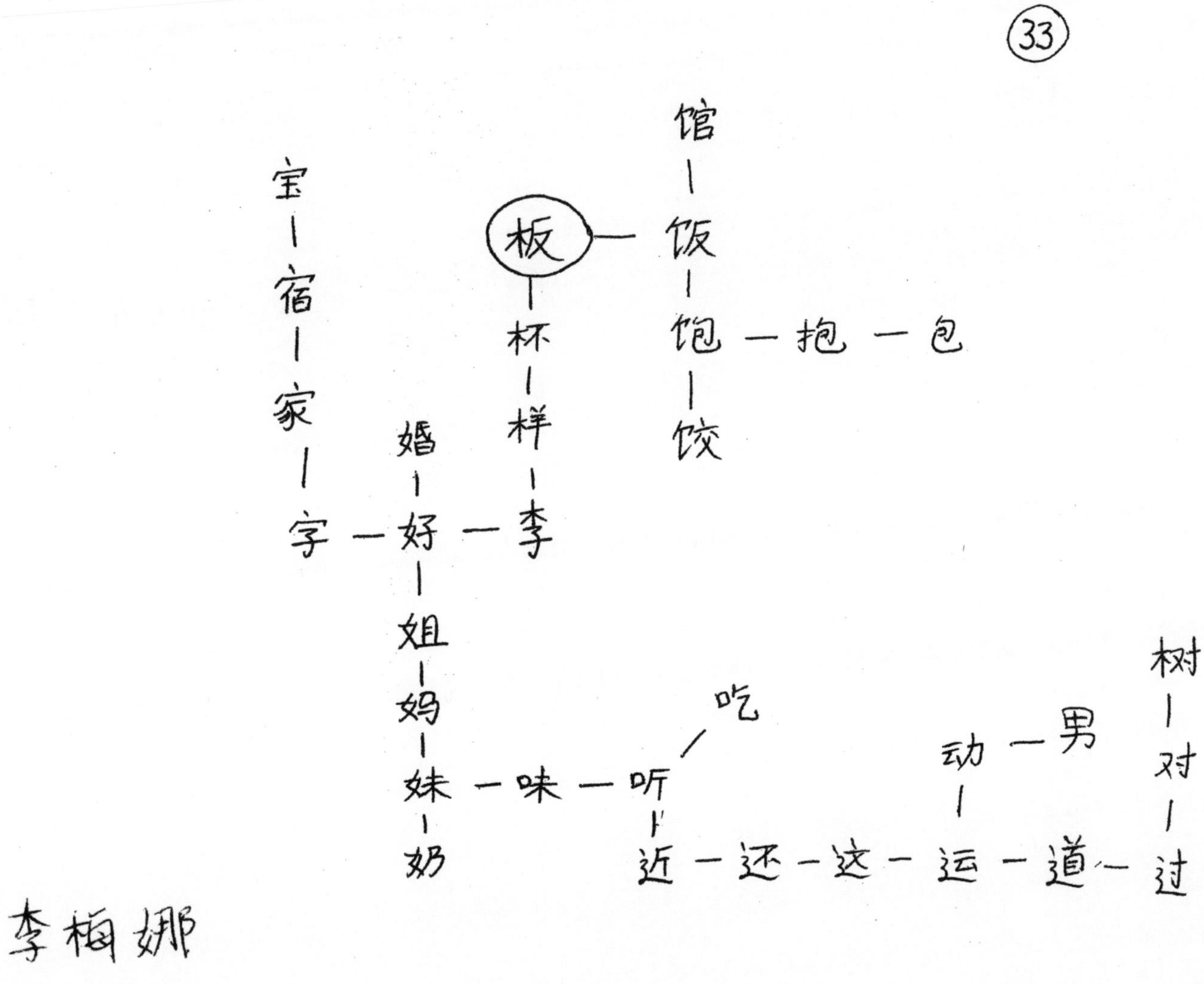

偏旁接龙

第六课　形声字的读音（一）

汉字中有百分之八十左右是形声字。每个形声字都有形旁和声旁，字的读音跟声旁有关系。

注意形声字和声旁的读音，可以看到：这些字虽然在不同的部，是不同家庭的孩子，但是他们的名字差不多。他们的读音有的跟声旁一样，有的很接近。例如："青"读qīng，"清"也读qīng；"情"和"晴"读qíng；"请"读qǐng。还有精神的"精"读jīng，眼睛的"睛"读jīng；只有"猜"的名字完全不一样，读cāi。

有些做声旁的字很常用，我们可以先认识声旁，再学习形声字。例如，先认识"青"，再学习"清、情、晴、请、精、睛、猜"。

1 生词和生字

1.1 生词

形声字	xíngshēngzì	signific-phonetic character
声旁	shēngpáng	phonetic
跟……一样	gēn … yīyàng	to be the same as
接近	jiējìn	close to
精神	jīngshén	spirit, mind
眼睛	yǎnjing	eye
完全	wánquán	completely
常用	chángyòng	in common usage

1.2 生字

声	shēng	之	zhī	接	jiē	近	jìn	晴	qíng
精	jīng	神	shén	眼	yǎn	睛	jīng	猜	cāi
完	wán	全	quán	习	xí				

2 练习

我的字典词典

2.1 我的字典词典之一：用“学”“上”组词语

（1）

学____ 学____ 学____ 学____ 学____

____学 ____学 ____学 ____学

____学 ____学

（2）

上____ 上____ 上____ 上____

上____ 上____ 上____ 上____

____上 ____上 ____上

2.2 我的字典词典之二：组字组词语

（1）

			字	词语
纟	氏	→		
亻	豆	→		
冫	食	→		
奴	我	→		
饣	欠	→		
饣	虫	→		
彦	工	→		
忄	页	→		
纟	交	→		
足	白	→		
纟	畐	→		
宀	斤	→		
忄	卜	→		
夕	青	→		
户	氏	→		

（2）

			字	词语
亻	工	→		
禾	彡	→		
开	扁	→		
冫	斗	→		
穴	夬	→		
田	每	→		
钅	介	→		
氵	辛	→		
舌	大	→		
米	戋	→		
矢	灬	→		
广	唐	→		
孰	原	→		
米	口	→		
氵	元	→		

2.3 我的字典词典之三：形旁—字—词语/声旁—字—词语

（1）形旁—字—词语

组字			组词语													
人		人	___,	人	___	___,	人,	___	___	人,	___	人,	___	___	人	
人			来,	___	……		中,	___	……		到					
亻		放														
亻		___	好,	___	们,	迷	___	裙								
亻		___	么,	为	___	么										
亻		___	们													
亻		___	词,	现	___,	古	___									
亻		最	dī													
亻		文	___													
亻		我/	你/	他/	她/	它/	咱									
亻		___	育,	个	___	户,	繁	___	字,	简	___	字				
亻		___	……		一	样,	好	___								
亻		___	业,	___	料,	工	___									
亻		___	法,	___	到,	___	饭									
亻		___	是													
亻		___	如													
亻		___	旁													

（2）声旁—字—词语

组字	读音	组词语
青	qīng	青
青	＿＿	＿＿楚，＿＿新
青	＿＿	＿＿况，心＿＿，热＿＿
青	＿＿	＿＿天
青	＿＿	＿＿问，＿＿客
青	＿＿	＿＿神
青	＿＿	眼＿＿
青	＿＿	cāi 国籍，＿＿意思
分	fēn	分＿＿，分＿＿，分＿＿
分	＿＿	＿＿红色，淀＿＿
分	＿＿	一 fèn 刀叉
召	＿＿	介＿＿
召	＿＿	打＿＿呼
昭	＿＿	＿＿片，全家＿＿

2.4 我的字典词典之四：接龙

	难					gān* gàn	净	✕	请	wèn	✕		假		zhá	
	kàn	电	yǐng		kǒu	部		顾	kè		shàng	学			猪	
		shì			语						海				pái	
洗	yī	机					nián		打		huà			边		
zǎo				jīng			级		sǎo			安	pái			
		连		剧		跟										zuó
bō	送						子		喝		酒		hǎo			天
	hái			旱	bīng	鞋							几	qiān	年	
zhuō	子						mò	lì	茶							
		农	cūn		简	chēng						褂		打		呼
	人	mín		买	dān	✕	yù			wǎn	上			lán		
可	kǒu			mài		fù	习		chǎo	饭	✕	保	líng	球		
		法	guó						面		预				句	wěi
yǐn	食		家	tíng			qì	车			bào	zhǐ		本	zi	
	táng				好	xiàng							从	lái		
				小	chī			下				nèi			自	yóu
			中			bì	修	kè			bù	容	yì		zhì	
休	xi					须				xū	要				区	

2.5 我的字典词典之五：偏旁接龙

请在纸中央任意写上一个汉字，然后做偏旁接龙。（Plesae write any character in the box, and then build a chain of characters based on the character or part of the character.）

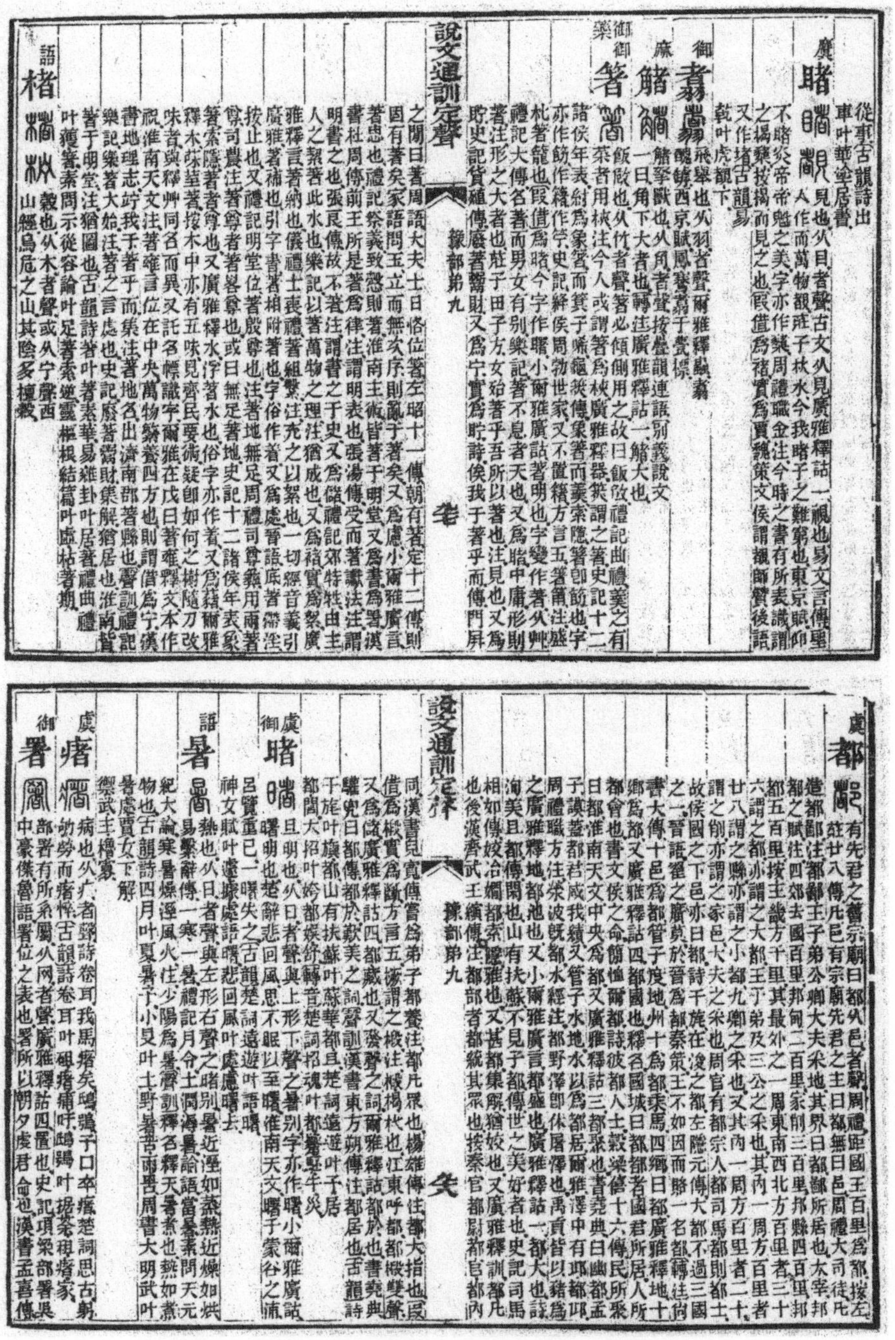

說文通訓定聲 豫部第九

［清］朱骏声《说文通训定声》(1849年)

第七课　形声字的读音（二）

有些做声旁的字不常用，例如喝水的“喝”、口渴的“渴”，声旁“曷hé”不常用，现在很多人不认识。但是“喝”念hē，“渴”念kě，读音很接近，同样可以帮助我们联想。

还有首都的“都”、堵车的“堵”，猪肉的“猪”、煮饭的“煮”，声旁都是“者”。在古代，它们的读音都和“者”差不多，现在不一样了。但是“都”和“堵”，“猪”和“煮”，读音还是差不多，认和读都比较方便。

1 生词和生字

1.1 生词

联想	liánxiǎng	to associate
堵车	dǔchē	traffic jam
堵	dǔ	to stop up, block
认	rèn	to recognize
方便	fāngbiàn	convenient

1.2 生字

渴	kě	念	niàn	帮	bāng	助	zhù	联	lián
堵	dǔ	比	bǐ	较	jiào	便	biàn		

2 练习

我的字典词典

2.1 我的字典词典之一：用“文”“话”组词语

（1）

文____ 文____ 文____

____文 ____文 ____文 ____文 ____文 ____文

（2）

____话 ____话 ____话 ____话

______话 ______话 ______话 ______话 ______话

2.2 我的字典词典之二：组字组词语

（1）

				字		词语										
木		艮	→													
扌		不	→													
音		巾	→													
龸		尧	→													
火		卩	→													
火		关	→													
邦		攵	→													
氵		巾	→													
孝		页	→													
耳		曷	→													
足		曷	→													
口		气	→													
舍		方	→													
产		予	→													
氵		兆	→													

(2)

				字		词语
扌		不	→			
礻		立	→			
亻		妾	→			
米		末	→			
土		青	→			
口		青	→			
者		末	→			
日		艮	→			
目		只	→			
讠		阝	→			
口		者	→			
宀		更	→			
土		夋	→			
亻		斤	→			
酉		子	→			

2.3 我的字典词典之三：形旁—字—词语/声旁—字—词语

（1）形旁—字—词语

组字	组词语
食	食____，食____，食____，食
饣	吃 bǎo 了
饣	我 è 了
饣	____馆，米/炒/热____，早/午/晚____，做/煮/开/吃____
饣	____子，图书____，大使____，美术____，饭____
饣	包____子
饣	____食
食	中____，西____，快____店
氵	每一 cì
氵	旱____鞋
氵	____定
氵	干____
氵	情____
氵	天气很 lěng
氵	____菜，____鞋，____拌

（2）声旁—字—词语

组字	读音	组词语
者	zhě	___者，___者
者	___	___车
者	___	首___
者	___	___肉，___排
者	___	___饭，___烂
舌	___	___动
舌	___	说___，对___，会___，电___，普通/广东___
舌	___	包___
舌	___	___风
曷	___	口___
曷	___	___水，___茶，___酒，___咖啡，___汤，___粥
并	___	___音
并		一___（píng）啤酒

第七课

2.4 我的字典词典之四：接龙

yuè	读					mǎn			打	zhāo	hu		tè	别		suǒ
	chū	去			cāi	意	si		pái			yǒu	点	×	kě	以
		shì	界	gè	国						zhèng	钱	×	hái	是	
lì	如				jí			母					méi	有		
	guǒ	酱				mǔ	亲			zǎo	点		时			录
		yóu	菜			语				上	×	fáng	jiān		读	yīn
			dān	位			吃	wǔ	饭			门		或	zhě	
xuǎn	xiū	课		zhì			guǎn				始					
					女	hái	子		一	yàng	×			查		典
		表	yáng		fān				qǐ	×		们		cí		
	pīn				译			xiǎo	×	tiáo	好	×	shàng	海	rén	
yǔ	音		lǎo	外			yǒu	时	hòu	×	×	zuò	车			fāng
文	×	白		bì		tián	空			xiǎo	号					言
	米	sè				写			shuì		mǎ		分	lèi	法	
吃	fàn			不	qǐ				午				zhī			
					名	piàn			jiào* jué	得						牛
心	qíng		jiǎn	体	zì	×	shōu	入		dào			围	jīn		zǎi
	况		称			guǒ	汁				mí	你	qún		duǎn	裤

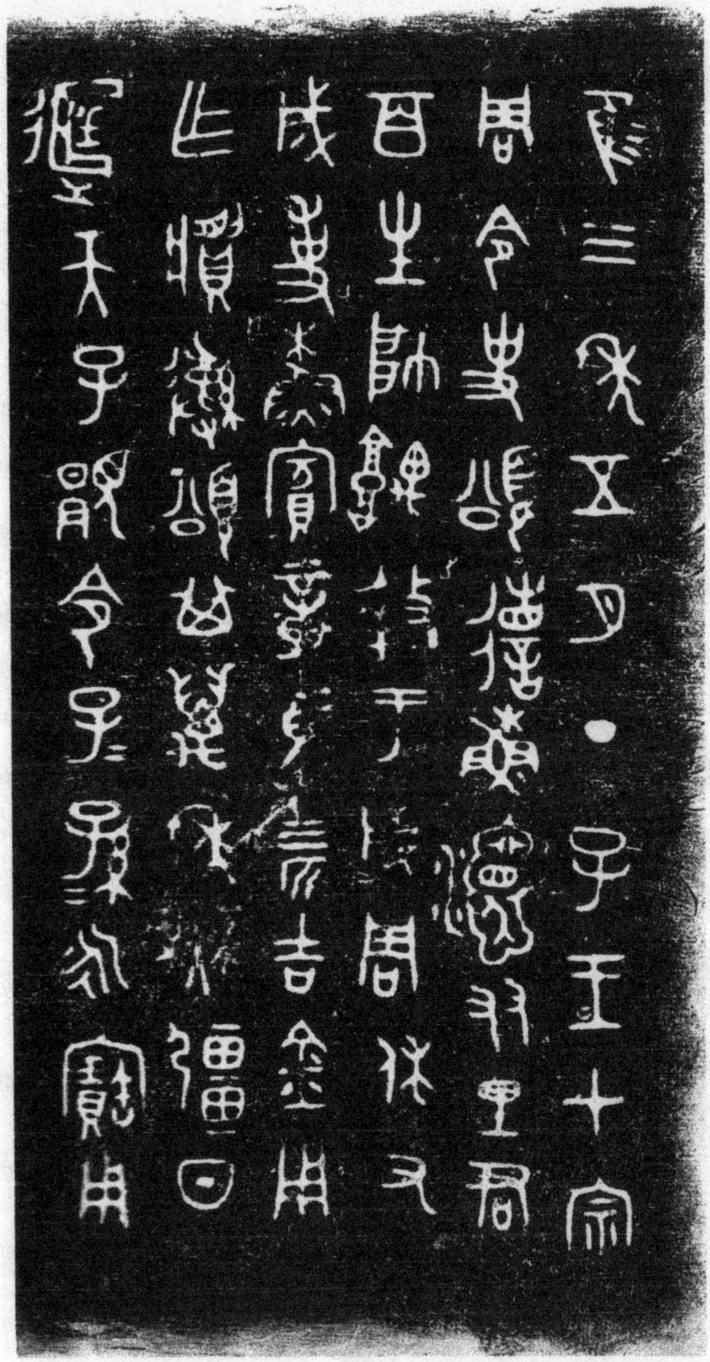

西周金文（史颂鼎，前839年）

第八课　汉语词的结构（一）

现代汉语词语中多音词很多，尤其是双音词。学习的时候需要知道它们的结构特点。

我们常常可以看到这样一些词语：

毛笔、钢笔、铅笔、圆珠笔，这些都是笔。

布鞋、拖鞋、皮鞋、凉鞋、运动鞋、高跟儿鞋，这些都是鞋。

红色、绿色、蓝色、白色、黄色、黑色、银白色，这些都是颜色。

这种结构是偏正结构，汉语词语中，偏正结构的数量非常多。所以，学了毛笔，再学钢笔、铅笔、圆珠笔就很容易，因为它们都是笔，只是种类不同。学习有关鞋和颜色的词语也一样。

1 生词和生字

1.1 生词

结构	jiégòu	structure
词语	cíyǔ	words and expressions
多音词	duōyīncí	polysyllabic word
双音词	shuāngyīncí	word with two syllables
这样	zhèyàng	such, like this
毛笔	máobǐ	writing brush
钢笔	gāngbǐ	fountain pen
铅笔	qiānbǐ	pencil
圆珠笔	yuánzhūbǐ	ballpoint pen
偏正	piānzhèng	endocentric construction, modifier-head-construction
数量	shùliàng	quantity, amount, number
只是	zhǐshì	merely, only, but
种类	zhǒnglèi	kind, type, category
有关	yǒuguān	to concern; concerning

1.2 生字

尤	yóu	其	qí	结	jié	构	gòu	双	shuāng
特	tè	数	shù	量	liàng	非	fēi	毛	máo
钢	gāng	铅	qiān	圆	yuán	珠	zhū	布	bù
拖	tuō	皮	pí	高	gāo	运	yùn	凉	liáng
黄	huáng								

2 练习

我的字典词典

2.1 我的字典词典之一：用“笔”“鞋”“服”组词语

（1）

笔_____ 笔_____

_____笔 _____笔 _____笔 _______笔

（2）

_____鞋 _____鞋 _____鞋 _____鞋

_______鞋 _______鞋 _______鞋 _________鞋

鞋_____

（3）

服_____ 服_______

_____服 _____服 _____服

2.2　我的字典词典之二：组字组词语

（1）

				字		词语
娄		少	→			
火		文	→			
占		又	→			
又		㕣	→			
钅		灬	→			
牜		占	→			
衤		页	→			
句		库	→			
虫		寺	→			
广		多	→			
且		句	→			
犭		斤	→			
木		心	→			
相		羊	→			
亲		力	→			

（2）

			字	词语
讠	艮	→		
斤	至	→		
宀	隹	→		
者	辶	→		
月	灬	→		
太	者	→		
目	心	→		
犭	申	→		
礻	王	→		
人	青	→		
冫	青	→		
罒	冈	→		
犭	吉	→		
钅	京	→		
纟	直	→		

2.3 我的字典词典之三：形旁—字—词语/声旁—字—词语

（1）形旁—字—词语

组字			组词语													
火		火														
火			面，		饭，		菜									
火			鸭													
火		煮														
火			开													
火			猪	排												
灬			情，		菜，		水，		饭							
灬			后，	虽												
灬			人													
灬			片，	全	家											
灬			饭，		烂											
火		汤	很													
阝			首，	干	，	西										
阝		首														
阝			儿，		边											

（2）声旁—字—词语

组字	读音	组词语
生	shēng	生＿， 生＿ 生，＿＿ 生
生	＿＿	＿名，贵＿
生	＿＿	＿感
生	＿＿	＿期天
中	zhōng	中＿， 中＿， 中＿， 中＿， 中＿， 中＿
中	＿＿	＿点，＿点工，点＿，分＿，一刻＿
中	＿＿	＿类，各＿
扁	＿＿	＿写
扁	＿＿	念一 biàn
扁	＿＿	＿旁，＿正结构
相	xiāng	＿相
相	＿＿	联＿
相	＿＿	＿（湖南）
相	＿＿	＿子

2.4 我的字典词典之四：接龙

zhī			口		钟			过						zuǒ	边	
出	qù		bù	首			有		候		cóng	左		右		
	年	hào		dū			yī				来				有	míng
		码					点							常	yòng	
					méi	事							再			
	星				关					午		huà			bù	能
学			hàn	学	xì			dǔ	车	×	zuò	家		形		gòu
	日	běn	人	×	×	jiě				dú	者			shēng		
				兄		姐	mèi			书			xǐe	字		
	zhǔ								电			bù	错			
tián	食		jù	尾		mǔ			yǐng			用		穿	chèn	衫
			法			亲	qì			打				máo		
	yǔ	言		yǐ	经							xǐ		衣	fú	
	气				jì			中	guó	话		欢	yíng	×	务	
师				yǒu			时							演	yuán	
				一			hou	×	pí		ě					
qiān	蓝		钟	diǎn		周		diào	带	bèi	心		小	gū	娘	
	cǎo	字			肉	mò							jiě			

接龙

				小	阿	姨		不				看	不	见	前	安
辅	导			吃			旅	行	社		好	懂		明、后	后	排
	游		饭	店		差			会	话				今	天	
	图	书	馆		对	不	起					女	青	年		识
		包				多			正	确		孩			汉	字
			预	报				不	在		杯	子		英	语	
		学	习				写	错					中	文		
	先	生				工	作		这	种		下	午		房	租
	后						业		些		上	班		之	间	
笔	顺			机							网		美			
	序		开	会					左	右			术		结	束
			始					上	边		大	使	馆		婚	
	牛			点		必	修	课		哥	哥		动、介……			
猪	肉	炒	白	菜		须							名	词		
		饭						南			西	服		语	音	
			包	饺	子		黄	瓜		中	餐				乐	器
	红	裙	子				油			国			哲	学	家	
喝	茶								说	话				校		

第九课　汉语词的结构（二）

知道了汉语词的特点，学习的时候还要注意字在词里的位置。这一点很重要。

例如法语是一种语言，跟它同类的有英语、德语、汉语、日语、意大利语、西班牙语等等；语法是一种法则，跟句法、构词法同类。

同样，油菜是一种蔬菜，跟菠菜、芹菜、花菜、大白菜同类；菜油是一种从植物里得到的食用油，跟豆油、香油、花生油、玉米油同类。

1 生词和生字

1.1 生词

同类	tónglèi	similar, same kind
法则	fǎzé	rule, law
句法	jùfǎ	syntax
构词法	gòucífǎ	word-formation
油菜	yóucài	rape, colza
蔬菜	shūcài	vegetables
菠菜	bōcài	spinach
芹菜	qíncài	celery
花菜	huācài	cauliflower
大白菜	dàbáicài	Chinese cabbage
植物	zhíwù	plant
食用油	shíyòngyóu	edible oil
豆油	dòuyóu	soybean oil
香油	xiāngyóu	sesame oil
花生油	huāshēngyóu	peanut oil
玉米油	yùmǐyóu	corn oil, maize oil

1.2 生字

则	zé	重	zhòng	英	yīng	利	lì	班	bān
牙	yá	油	yóu	蔬	shū	菠	bō	芹	qín
植	zhí	物	wù	豆	dòu	玉	yù		

2 练习

我的字典词典

2.1 我的字典词典之一：用“菜”“道”组词语

（1）

菜____ 菜____ 菜____ ____菜 ____菜 ____菜

____菜 ____菜 ____菜 ____菜 ____菜 ____菜 ____菜

____菜 ____菜 ____菜 ____菜

（2）

____道 ____道 ____道 ____道

2.2 我的字典词典之二：组字组词语

（1）

				字		词语										
氵		悳	→													
彳		去	→													
⺮		果	→													
讠		文	→													
昔		监	→													
讠		监	→													
纟		见	→													
氵		及	→													
⺮		青	→													
艹		主	→													
讠		灬	→													
执		召	→													
𠂇		贝	→													
次		巾	→													
纟		平	→													

（2）

				字		词语										
⺊		卮	→													
田		员	→													
口		匕	→													
艹		糸	→													
扌		斤	→													
此		合	→													
艹		糸	→													
纟		直	→													
木		刂	→													
王		疏	→													
禾		辶	→													
艹		至	→													
云		勾	→													
纟		刂	→													
木		波	→													

2.3 我的字典词典之三：形旁—字—词语/声旁—字—词语

（1）形旁—字—词语

组字		组词语														
衣		衣	___，		衣，		衣，	___	衣，	___	衣					
衤		___	子，	短	___，	牛	仔	___								
衤		短	___													
衤		___	衫													
衤		___	子													
衤		衬	___													
衤		___	子，	围	___，	迷	你	___								
衤		马	___													
衤		___	子													
衤		九	月	chū ___												
衣		服	___													
米		米	___，	米	___，	___	米	___								
米		___	神													
米		原	___，	作	___											
米		___	醋													
米		喝	___													

（2）声旁—字—词语

组字		读音			组词语											
乍					业,		文,		家,	工						
乍					天											
乍					猪	排										
乍					么,		么	样								
艮					据,	一		皮	带							
艮					……	……	一	样,	高		儿	鞋				
艮					好,		多,		忙							
艮					行,		白	色								
艮					睛,		镜									
毛		máo		毛	,	毛										
毛				时												
毛					油											
尚					,		见,		用,	非						
尚				食												

2.4 我的字典词典之四：接龙

		眼	jing			搅			yǐn				清			yà
太	yáng	jìng			凉	bàn			食	yòng	油			×	ōu	洲
jí				布	xié			提			tiáo	子	×		元	
拳			jiè				以			méi	×	×	fǎ	国	×	决
	百	kē	词	diǎn		然	hòu			意		利	yǔ	×	一	dìng
		学			gù			特						有	diǎn	
	回	jiā		yǒu	事			bié	的				注			
	dá	×	qǐng	问			lǚ	行	×	尤	qí			思		挣
淀	×	zōng		tí					治	×	他	men			花	qián
fěn	红	sè				自	zhì	区		玉				绿	chá	
	qiáo		biān	写		jǐ							白	sè		
				zuò					huáng	油		行			一	
	zuò			文	zì			nán	瓜						wǎn	筷
xiě	法						xī	边					酸	là	汤	
汉			需		上	xià	班				关	xì		椒		
zì		重	yào		wǎng	×				开	mén					sú
	yīn					dé	语		热	shuǐ		深	lán		lǎo	气
qíng	天				zuò	文		蔬					草		头	

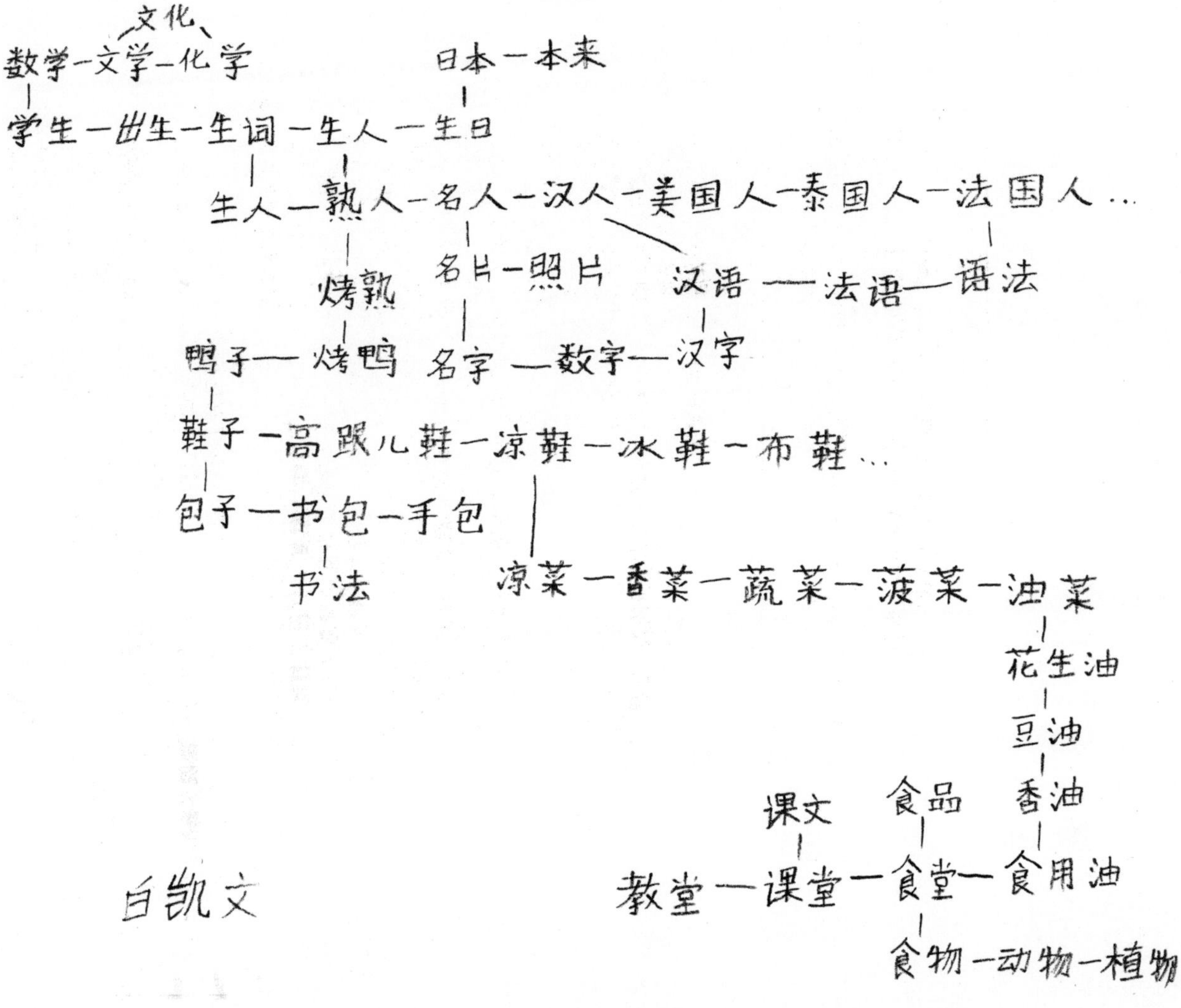

文化
数学—文学—化学
日本—本来
学生—出生—生词—生人—生日
生人—熟人—名人—汉人—美国人—泰国人—法国人…
烤熟
名片—照片
汉语—法语—语法
鸭子—烤鸭
名字—数字—汉字
鞋子—高跟儿鞋—凉鞋—冰鞋—布鞋…
包子—书包—手包
书法
凉菜—香菜—蔬菜—菠菜—油菜
花生油
豆油
香油
课文
食品
教堂—课堂—食堂—食用油
食物—动物—植物
白凯文

词语接龙

第十课　字和词

汉语普通话的音节包括声母、韵母和声调，声调很重要。例如“买”和“卖”，声母、韵母都一样，可是因为声调不同，意思相反；同样，“汉语”不是“韩语”。

汉语的词绝大多数是单音节和双音节的，但是普通话一共只有一千三百三十五个音节，所以汉语的同音词特别多。例如“做”和“坐”，“在”和“再”；“期中”和“期终”，“肌肉”和“鸡肉”等等。

中国人听不明白一个词的时候，就会问：“汉字怎么写？”看到汉字以后就明白了。所以，中国人很注意汉字写得正确不正确。例如：你可以吃“馆子”，但是不能吃“管子”；同样，“绘画”是画画儿的意思，而“会话”是对话。

1 生词和生字

1.1 生词

音节	yīnjié	syllable
声母	shēngmǔ	initial, onset
韵母	yùnmǔ	back part of a syllable without its initial
声调	shēngdiào	tone
相反	xiāngfǎn	opposite, contrary
韩语	Hányǔ	Korean language
绝大多数	juédàduōshù	vast majority
同音词	tóngyīncí	homophone
做	zuò	do; make
期中	qīzhōng	midterm
期终	qīzhōng	end of term
肌肉	jīròu	muscle
明白	míngbai	to understand
管子	guǎnzi	tube, pipe
绘画	huìhuà	to draw, paint
而	ér	whereas

1.2 生字

普	pǔ	通	tōng	节	jié	包	bāo	括	kuò
韵	yùn	调	diào	相	xiāng	反	fǎn	韩	hán
共	gòng	绝	jué	单	dān	别	bié	终	zhōng
肌	jī	管	guǎn	绘	huì				

2 练习

我的字典词典

2.1 我的字典词典之一：用“词”“电”组词语

（1）

词_____ 词_____

_____词 _____词 _____词 _____词 _____词

_____词 _____词 _____词 _____词 _______词

_______词 _______词 _______词 _____词_____

（2）

电_____ 电_____ 电_____ 电_____ 电_____ 电_______

2.2　我的字典词典之二：组字组词语

（1）

部件	部件		字	词语
女	采	→		
艹	乃	→		
饣	中	→		
禾	见	→		
王	官	→		
王	官	→		
革	月	→		
又	圭	→		
其	元	→		
竹	鸟	→		
⺍	几	→		
月	央	→		
车	朱	→		
王	交	→		
艹	子	→		

（2）

				字		词语
纟		化	→			
立		衣	→			
壮		会	→			
扌		日	→			
艹		𠃓	→			
牜		少	→			
贝		勿	→			
止		周	→			
讠		夕	→			
夕		刂	→			
卓		刂	→			
⺮		力	→			
另		由	→			
艹		韦	→			
氵		寺	→			

2.3　我的字典词典之三：形旁—字—词语/声旁—字—词语

（1）形旁—字—词语

组字			组词语							
丝		丝								
纟			写							
纟		年	,	高						
纟			茶,		色,	粉		色,		桥
纟			束,		婚,		账,		构	
纟			茶,		色					
纟		介								
纟			币,	报						
纟			大	多	数					
纟		期								
纟			济,	已	,	总		理		
纟		丝								
纟		在	xiàn							
纟			画							
糸			菜,	朴						
糸			体	字						
糸			色							

（2）声旁—字—词语

组字	读音	组词语
周	zhōu	周＿
周	＿	丝＿
周	＿	＿好
	＿	声＿
几	jǐ	几＿，＿几，几＿＿
几	＿	＿肉
几	＿	＿会，手＿
斤	jīn	＿＿三斤
斤	＿	＿写，＿力，＿录音，＿音乐
斤	＿	接＿
斤	＿	＿菜
半	bàn	＿＿半
半	＿	语＿
半	＿	凉＿，搅＿

2.4　我的字典词典之四：词语接龙

请在纸中央任意写上一个词语，然后做词语接龙。（Please write any word in the box, and then build a chain of words based on part of each word.）

中国画·山水（陈大羽）

第十一课　了解词义

有一些词，看了汉字很容易明白词义。例如："父母"是父亲和母亲；"烤鸭"是烤熟的鸭子。

有时候，词有适用的范围。例如：写字用的黑色木板才叫"黑板"，交通用的信号灯才叫"红绿灯"。

还有一种情况更常见，就是两个字都认识，但是不能马上明白词义。这时候，需要先查词义，再想一想字的意思。例如：知道"电脑"就是计算机，再想一想"电"和"脑"的意思，可以明白计算机为什么叫电脑。知道"山水"有风景的意思，可以明白"山"和"水"是中国风景的一种代表。

1 生词和生字

1.1 生词

了解	liǎojiě	to understand
词义	cíyì	meaning of a word
熟	shú	cooked; done
鸭子	yāzi	duck
适用	shìyòng	applicable
范围	fànwéi	range, sphere
木板	mùbǎn	board, plank
黑板	hēibǎn	blackboard
交通	jiāotōng	traffic
信号灯	xìnhàodēng	signal lamp
红绿灯	hónglǜdēng	traffic lights
计算机	jìsuànjī	computer
山水	shānshuǐ	hills and waters; scenery
风景	fēngjǐng	landscape, scenery
山	shān	hill; mountain
代表	dàibiǎo	to represent; representative

1.2 生字

解	jiě	义	yì	鸭	yā	适	shì	范	fàn
围	wéi	板	bǎn	交	jiāo	信	xìn	号	hào
灯	dēng	更	gèng	计	jì	算	suàn	机	jī
风	fēng	景	jǐng	山	shān				

2 练习

我的字典词典

2.1 我的字典词典之一：用“语”“意”组词语

（1）

语____ 语____ 语____ 语____ 语____ 语____

____语 ____语 ____语 ____语 ____语

____语 ____语 ____语 ____语 ____语 ____语

________语 ________语

（2）

意____ 意____ ____意 ____意 ____意

2.2 我的字典词典之二：组字组词语

（1）

				字	词语
寸		巴	→		
少		丁	→		
刂		辶	→		
父		目	→		
扌		币	→		
彡		余	→		
亻		先	→		
加		木	→		
氵		页	→		
艹		马	→		
讠		古	→		
艹		反	→		
钅		心	→		
音		良	→		
木		射	→		

（2）

				字		词语									
卬		卩	→												
几		色	→												
纟		辶	→												
扌		乂	→												
艹		舌	→												
讠		氾	→												
纟		圣	→												
艹		匀	→												
音		辶	→												
舌		录	→												
讠		罕	→												
火		日	→												
角		冬	→												
並		十	→												
纟		考	→												

第十一课

2.3 我的字典词典之三：形旁—字—词语/声旁—字—词语

（1）形旁—字—词语

组字　　组词语

艹　___字头、蓝___

艹　___单/系/油、蔬/白/菠/花/芹/香/素/咸___、凉___

艹　红___、绿___、花___、白___、茉莉___

艹　___茶、___菜、___钱、___椒粉、___生油

艹　___目、音___

艹　___草、___色、浅___、深___

艹　___莉茶

艹　___菜

艹　___菜

艹　___菇

艹　___菜

艹　茉___茶

艹　___围

艹　___语、___文、___国

艹　kǔ___咖啡

（2）声旁—字—词语

组字	读音	组词语
反	fǎn	反
反	___	___馆/店，吃/开/炒/做/煮___，早/午/晚___
反	___	木___，黑___
反	___	出___
京	jīng	京___，___京，___京
京	___	___鞋，___菜，___拌
京	___	风___
景	___	电___
丁	___	___包/工/牌/扫，___电话，___招呼
丁	___	红绿___，信号___
丁	___	一 dǐng 帽子
戋	___	___包，价___，挣___，花___，零___
戋	___	蓝___
戋	___	在 xiàn

2.4 我的字典词典之四：接龙

		yùn					hǎo	东			duì	面		有	bāng	助
	shēng	母		shì			酒		北		话					cí
piān	旁		yā	子		开						中	wén	系		
正					热	shuǐ			shì			yāng				但
	束			心	qíng			cháng	用		绒				还	shì
构			干*	bù			yì	见	×	大	yī			只	yǒu	
			jìng				思		电					shì	×	pǎo
		guǎn		fàn	围				shì			hǎo	像		sàn	步
chī	馆				qún	子		手			nán	吃				
火							dài	biǎo		tīng	懂			副		
guō		duǎn	信			jiè	词							cí	语	
				mǎ		shào			tóng	音	cí					
	红		灯	×	jiāo	×	fù	女					pǔ		学	xí
zǐ	sè			pǔ	通		×			说	míng		素	cài	×	惯
		jué					qù	年			白	cài			gù	
		大		零			世	×	shū				zú		客	rén
			少	qián				xiāng	菜			lán	球			
	suì	数				yù	mǐ	油					sài		huò	币

识字证书

第十二课　扫盲

扫盲的“盲”，是文盲的意思，是十五岁以上不识字或者识字不到五百个的人。一九四九年，中国的文盲占总人口的百分之八十以上，大多数是农民。

中国政府决定在全国扫盲，让每个农民最少认识一千五百个汉字，城里的人最少认识两千个。

一九五八年，政府决定做三件事：简化汉字，推广普通话，让学生学习汉语拼音。

汉字简化以后，文盲学习汉字变得容易多了。很多人学习一年以后，拿到了识字证书，摘掉了文盲帽子。他们说：“我们好像瞎子看见了光明。”

1 生词和生字

1.1 生词

扫盲	sǎománg	to eliminate illiteracy
盲	máng	blind
文盲	wénmáng	illiterate (person)
以上	yǐshàng	over, more than, above
占	zhàn	to make up (...%)
总人口	zǒngrénkǒu	total population
大多数	dàduōshù	majority
农民	nóngmín	peasant, farmer
政府	zhèngfǔ	government
让	ràng	cause (someone to do something), let (someone do something)
城	chéng	town, city
简化	jiǎnhuà	to simplify
推广	tuīguǎng	to spread, popularize
证书	zhèngshū	certificate
摘掉	zhāidiào	to take off (hat)
瞎子	xiāzi	blind person
看见	kànjiàn	to see
光明	guāngmíng	light

1.2 生字

扫	sǎo	盲	máng	或	huò	占	zhàn	总	zǒng
让	ràng	农	nóng	城	chéng	政	zhèng	府	fǔ
件	jiàn	简	jiǎn	推	tuī	广	guǎng	拼	pīn
拿	ná	证	zhèng	摘	zhāi	掉	diào	帽	mào
瞎	xiā	光	guāng						

2 练习

我的字典词典

2.1 我的字典词典之一：用“油”“不”组词语

（1）

油_____ 油_____

_______油 _____油 _____油 _____油 _______油 _______油

_____油 _____油 _____油

（2）

不_____ 不_____ 不_____ 不_____ 不_____ 不_____

_____不_____ _____不_____

2.2　我的字典词典之二：组字组词语

（1）

				字		词语										
木		力	→													
田		寸	→													
正		心	→													
你		辶	→													
不		文	→													
⺮		正	→													
亻		佰	→													
日		乍	→													
宀		具	→													
讠		免	→													
耳		贝	→													
口		大	→													
女		辶	→													
甬		台	→													
囗		文	→													

（2）

				字		词语
氵		心	→			
口		卩	→			
月		票	→			
扌		韦	→			
原		彐	→			
土		丂	→			
阝		成	→			
口		商	→			
扌		鸟	→			
甲		完	→			
巾		京	→			
月		隹	→			
曰		牛	→			
扌		冒	→			
亻		月	→			

2.3 我的字典词典之三：形旁—字—词语/声旁—字—词语

（1）形旁—字—词语

组字			组词语													
手		手	,	手	,	手	,	手								
扌			包,		工,		牌,		扫,		电	话,		招	呼	
扌		zhǎo	语	伴												
扌		bǎ	肉	切	成	丝										
扌			纸,		道,	预										
扌		根														
扌			掉													
扌			广													
扌			音													
扌		安	,	后	,	前										
扌			评													
扌			盲,	打												
扌		包														
扌			近													
扌		摘														
龵			到,		见,	好	,	难								
手		ná	到													

（2）声旁—字—词语

组字	读音	组词语
交	jiāo	交___
交	___	___子
交	___	比___
交	___	学___
付	fù	付___
付	___	首___，政___
府	___	麻婆豆___
亡	___	很 máng___
亡	___	文___，扫___
亡	___	wàng___了
亡	___	希___
隹	___	他是 shuí___
隹	___	___广
隹	___	___吾尔文

2.4 我的字典词典之四：接龙

总	jīng	理		xiǎo			结	zhàng		ná	到					yīn
rén				学	shēng		hūn		zhāi	掉			简		rèn	为*
口	yǔ		多		词				mào			文	huà	知		
	气		shù	量				xiā	子		扫	máng		dào		数
				cí		hù	相								文	xué
		gè	种		认		fǎn				duō	云		汉	zì	
	quán	国		不	shí	字		liú		zuì	少					
huí	家		做	dào			gōng	作		低			pīn	音		
		片				guì						tóng		jié	目	
				流		姓	míng		yìng		fēn	类	fǎ			shuāng
			大	lì	语		人		币		之		则			音
	tīng	见			yán							毛		dān	音	jié
	写			tóng	学		东	xi xī*			上	yī		位		
				样		yuàn		北		大	xué		wà			qín
			些		zhù	意						xuē	子		huā	菜
没		儿						tú	书	guǎn						
					kě	能					zhèng	书		dòu	油	
				dàn	是		kē	xué	家			diàn		浆		

商代甲骨文拓片

第十三课　书写的工具和材料（一）

纸还没有发明的时候，古人用什么写字？

最早的能够完整记录汉语的汉字是商代的甲骨文。甲骨文是刻在甲骨上的汉字，有些先用毛笔写了再刻，还有一些直接刻。

商王相信祖先和天帝，大事小事都要问他们，例如战争、农业、天气、生孩子、生病等等。甲骨文记了很多这样的事情。

今天我们用的很多字，例如天、云、雨、鱼、水、山、火等等，甲骨文里都有。

1 生词和生字

1.1 生词

工具	gōngjù	tool, utensil
材料	cáiliào	material
发明	fāmíng	to invent
能够	nénggòu	can, be capable of
完整	wánzhěng	complete
记录	jìlù	to record
商代	Shāngdài	Shang Dynasty (17th/16th–11th century BC)
甲骨文	jiǎgǔwén	oracle-bone inscriptions
刻	kè	to carve
甲骨	jiǎgǔ	tortoise shells and animal bones
直接	zhíjiē	direct
王	wáng	king
相信	xiāngxìn	to believe
祖先	zǔxiān	ancestors
天帝	tiāndì	Lord on High, God
战争	zhànzhēng	war
农业	nóngyè	agriculture
生	shēng	give birth to; bear
生病	shēngbìng	to fall ill
记	jì	to record
事情	shìqing	affair, matter, thing
云	yún	cloud
雨	yǔ	rain

1.2 生字

具	jù	材	cái	料	liào	发	fā	整	zhěng
记	jì	录	lù	商	shāng	甲	jiǎ	骨	gǔ
直	zhí	王	wáng	祖	zǔ	帝	dì	战	zhàn
争	zhēng	业	yè	病	bìng	云	yún	鱼	yú

2 练习

我的字典词典

2.1 我的字典词典之一：用“法”“音”“后”组词语

（1）

法____ 法____

____法 ____法 ____法 ____法

____法 ____法 ______法 ______法

（2）

____音 ____音 ____音 ____音

____音____ ____音____ ____音____

（3）

后____ 后____ 后____ 后____ 后____

____后 ____后 ____后 ____后 ____后

2.2　我的字典词典之二：组字组词语

（1）

			字	词语
冈	刀	→		
八	刂	→		
女	卓	→		
扌	见	→		
礻	生	→		
广	生	→		
木	丁	→		
扌	几	→		
曰	付	→		
火	并	→		
日	心	→		
钅	令	→		
口	易	→		
⻊	向	→		
齿	月	→		

（2）

				字		词语
疒		正	→			
敕		丙	→			
讠		才	→			
目		己	→			
木		害	→			
讠		目	→			
立		舌	→			
亠		矢	→			
匚		戈	→			
扌		占	→			
亥		戈	→			
木		手	→			
占		辶	→			
合		刂	→			
文		目	→			

2.3 我的字典词典之三：形旁—字—词语/声旁—字—词语

(1) 形旁—字—词语

组字	组词语
辶	东/西/南/北/上/下/左/右/前/后/里/外___，旁___
辶	念一___ (biàn)
辶	公___，知___，报___，味___
辶	___时，学___
辶	___是，___有
辶	___孩子，播___
辶	___儿，___么，___些
辶	___你裙
辶	___动鞋
辶	___休
辶	接___
辶	___用，合___
辶	普___话，交___
见	见___，___见，___见
见	展___
见	电___，电___台

（2）声旁—字—词语

组字	读音	组词语
正	zhèng	正___，正___，正______
正	___	___书
正	___	___治，___府
正	___	完___
正	___	一___，决___
争	zhēng	___争
争	___	___钱
争	___	干___
己	jǐ	___己
己	___	___录
己	___	___床，___名字，一___，对不___
甲	jiǎ	甲___，甲______
甲	___	___子，烤___

2.4 我的字典词典之四：接龙

	绝		多	shù		听	xiě		偏	zhèng	结	gòu				运
		xué		字		lì		形	páng			cí				
留		生								shǒu		法	zé		pí	鞋
	xiào		yǐ	上		fán	tǐ	字		工	jù			dǎ	包	
				kè	文		yù		xiě			cái		扫		甲
	hú	同*				yuán		shū	法			料				
		xué	生		zhēn	珠				nóng	业				zhōng	文
			hái				shùn			民					国	
	一	xià	子				序		wǎn				hán	语		中
决	dìng								上	yī						guó
		fèi		kǎo	熟		guā	风		服	zhuāng		互		绘	huà
	yǒu	用				口		jǐng					xiāng	信		
	名		shèng			kě			记	lù		jī		xī		shǒu
		rè	菜				zhí	接		音		会			zhèng	府
	shì	情		nà	边			jìn			器		麻	fán		
祖			zhè	儿					wén	学			pó		shū	服
	外		里		liáng	鞋		jiǎn	化		suǒ		豆	yóu		
		来		shān	水		mǎi	单		kě	以		fu			员

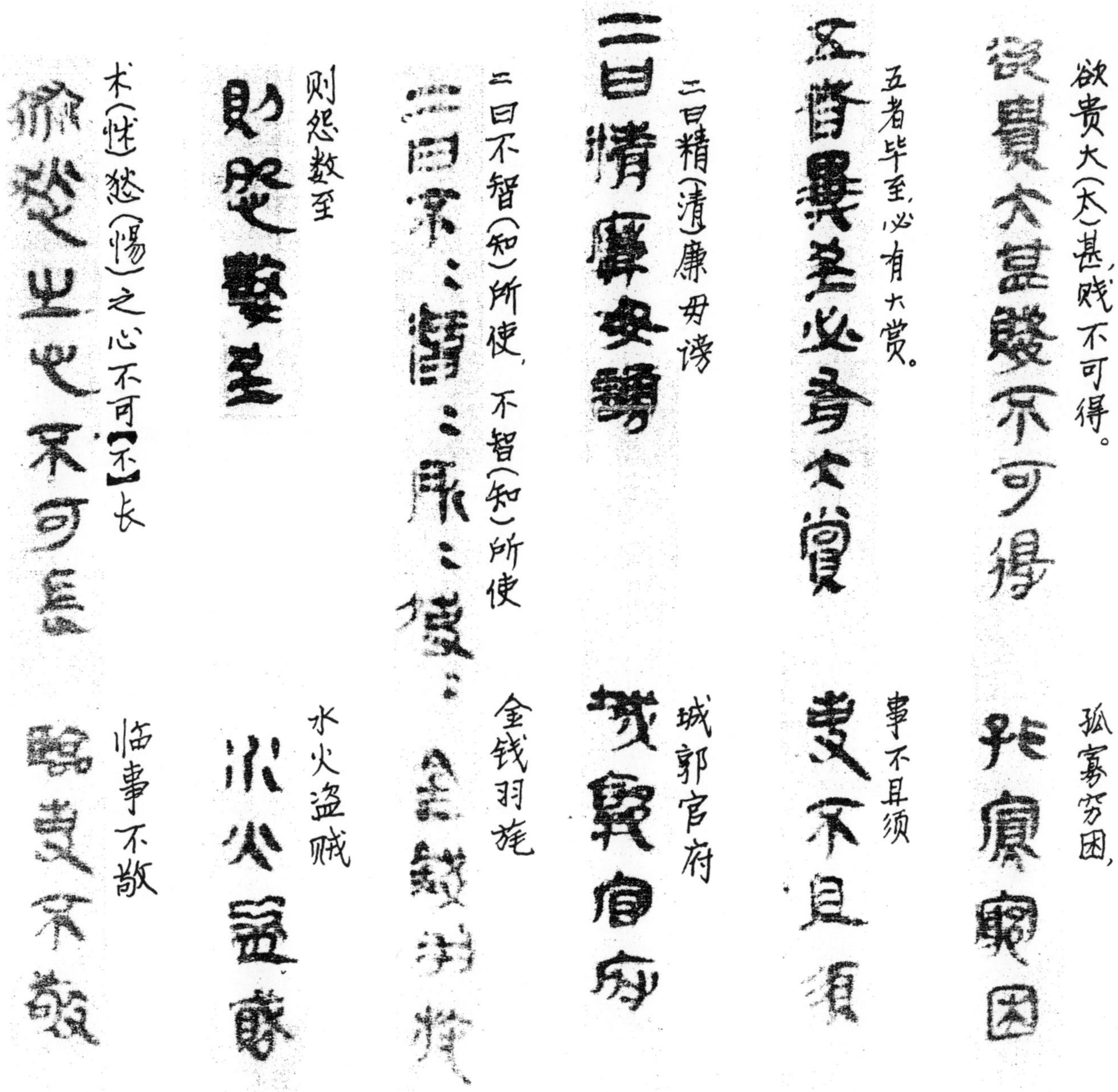

睡虎地秦墓竹简（前262—前217年）

第十四课　书写的工具和材料（二）

春秋的时候，孔子自己开办学校，收了很多学生。后来，学校越来越多，识字、写字的人也越来越多。当时，简和帛是常用的写字材料。

简有竹简和木简，就是很薄的竹片和木片，写字的人用毛笔在简上写。写一本书需要很多根简。帛是一种丝绸，也可以用它写字、画画儿。

简比较便宜，很多人喜欢用。最近几十年在中国的西北和湖南、湖北等地，出土了少量的帛书和大量的简，让我们看到古代的书是什么样子的。

1 生词和生字

1.1 生词

春秋	Chūnqiū	Spring and Autumn (Period)(770–476 BC)
孔子	Kǒngzǐ	Confucius (551–479 BC)
开办	kāibàn	to set up, open, found
收	shōu	to take in, accept
越来越……	yuèláiyuè …	more and more
当时	dāngshí	at that time
简	jiǎn	slips used for writing on
帛	bó	silk fabrics
竹简	zhújiǎn	bamboo slip (for writing)
木简	mùjiǎn	wooden slip (for writing)
薄	báo	thin
竹片	zhúpiàn	oblong pieces of bamboo
木片	mùpiàn	oblong pieces of wood
最近	zuìjìn	recent
十年	shínián	decade
地	dì	place, location
出土	chūtǔ	to excavate
少量	shǎoliàng	a few, small quantity
帛书	bóshū	silk manuscript
大量	dàliàng	large quantity

1.2 生字

春	chūn	秋	qiū	孔	kǒng	办	bàn	校	xiào
收	shōu	越	yuè	当	dāng	帛	bó	竹	zhú
薄	báo	片	piàn	喜	xǐ	欢	huān	宜	yí

2 练习

我的字典词典

2.1 我的字典词典之一：用“点”“习”“时”组词语

（1）

点_____　点_____　点_____

_____点　_____点　_____点　_____点

_____点_____　_____点_____

（2）

习_____　_____习　_____习　_____习　_____习

（3）

时_____　时_____　时_____

_____时　_____时　_____时

2.2　我的字典词典之二：组字组词语

（1）

				字		词语										
景		力	→													
夂		彡	→													
首		自	→													
口		庄	→													
月		辶	→													
米		土	→													
钅		台	→													
走		中	→													
氵		斗	→													
龸口		己	→													
又		戋	→													
走		心	→													
礻		喿	→													
氵		且	→													
自		欠	→													

（2）

				字		词语										
弓		工	→													
羊		长	→													
夫		参	→													
冂		日	→													
王		吉	→													
刂		言	→													
子		巾	→													
木		乚	→													
白		文	→													
亻		交	→													
讠		溥	→													
氵		且	→													
艹		求	→													
宀		式	→													
王		永	→													

2.3 我的字典词典之三：形旁—字—词语/声旁—字—词语

（1）形旁—字—词语

组字		组词语							
刀		刀							
刀			钟，		之				
刂		上	，	下	，	西		牙	语
刀		九	月						
刀			成						
刂		一		手	套				
刂		gāng	到						
刂			风						
刂		一		钟					
刂		流	，	意	大		语		
刂		shèng	菜						
刂		法							
雨			雨						
⻗		下							
⻗			钱						
⻗			要						

（2）声旁—字—词语

组字		读音		组词语								
元		yuán			元，		元，		元			
元				出	去	wán						
元					全，		整					
完				医								
占		zhàn		占	dà	duō	shù					
占					争							
占				zhàn	在	前	面					
占				书	，	饭	，	小	吃	，	快	餐
直		zhí			接							
直					物							
直				位								
成		chéng		切	，	染						
成				chéng	里							

2.4 我的字典词典之四：接龙

				一	gòng				声	diào					旁	
	不		同	yàng	✕	liàn		形	páng			老		哪	biān	
现			yīn	✕	fù	习		róng				wài	后	lǐ	✕	líng
	了*	jiě	词	yì			数				后					钱
						少	liàng		shuāng		shùn				生	
	běn				mài				yīn		序		食	yòng	yóu	
yuè	来	yuè		zhú	片			dài	词				táng			lǚ
			mù	简			手	biǎo				有				游
		hēi	板	✕	jì	算					填	kòng			皮	xié
	huáng	色	✕	zuò				结		书	xiě			书		
	河	✕	yuán	料		dú		gòu	词			烤		diàn		
		木				出	tǔ	✕				shǔ				
gù	事		儿		zhé	✕	豆	jiāng		完	quán					mǔ
	qing	✕	✕	kāi	学	✕	ní			zhěng	✕	最	jìn		英	yǔ
		女	shì			庭	✕	huáng			今	hòu	✕	美	guó	
		ér					tiān	帝		昨		✕	欧	yuán		
烧	kāi	✕	jiào		不	kè	气		dāng			亚	zhōu	✕	生	bìng
	办		室		tóng				时	hòu				助	cí	

文房四宝（南京艺术学院陈显铭教授摄）

第十五课　文房四宝

汉字的书写艺术叫书法。学习书法，需要笔、墨、纸、砚，这就是文房四宝。

看到简体字“笔”，很容易了解笔的样子：竹子做笔杆，动物的毛做笔头。常用的毛有狼毛和羊毛。

纸应该柔软、不很光滑。练习的时候一般用毛边纸，书写作品的时候用宣纸。

在砚里放一点水，用墨磨，就有了墨汁。现在可以买到现成的墨汁，学习书法就更方便了。

1 生词和生字

1.1 生词

文房四宝	wénfáng-sìbǎo	the four treasures of the study
艺术	yìshù	art
墨	mò	ink stick, ink cake
砚	yàn	inkstone, inkslab
简体字	jiǎntǐzì	simplified character
竹子	zhúzi	bamboo
笔杆	bǐgǎn	shaft of a pen or writing brush
动物	dòngwù	animal
笔头	bǐtóu	brush tip
狼毛	lángmáo	wolf's hair
羊毛	yángmáo	goat's hair
柔软	róuruǎn	soft
光滑	guānghuá	smooth
毛边纸	máobiānzhǐ	maobian paper (paper made from bamboo)
作品	zuòpǐn	works (of literature, art)
宣纸	Xuānzhǐ	Xuan paper, a kind of high-grade rice paper
磨	mó	to rub
墨汁	mòzhī	(prepared) Chinese ink
现成	xiànchéng	ready-made

1.2 生字

宝	bǎo	艺	yì	术	shù	墨	mò	砚	yàn
杆	gǎn	狼	láng	羊	yáng	柔	róu	软	ruǎn
滑	huá	练	liàn	般	bān	品	pǐn	宣	xuān
磨	mó	汁	zhī						

2 练习

我的字典词典

2.1 我的字典词典之一：用“有”“数”“会”组词语

（1）

有____ 有____ 有____ 有____ 有____

有______ 有______ 有______ 有______

____有 ____有

（2）

数____ 数____ 数____ 数____

____数 ____数 ______数 ______数

（3）

会____ ____会____

____会 ____会 ____会 ____会 ____会

2.2 我的字典词典之二：组字组词语

（1）

				字			词语									
女		丂	→													
歹		未	→													
黑		那	→													
口		乞	→													
月		土	→													
扌		口	→													
亻		夕	→													
矛		十	→													
山		比	→													
夕		木	→													
艹		尔	→													
亻		骨	→													
纟		良	→													
犭		东	→													
氵		乙	→													

（2）

				字		词语										
亻		相	→													
石		亘	→													
宀		也	→													
𠂉		见	→													
⺮		亇	→													
⺮		玉	→													
木		间	→													
宀		吏	→													
亻		殳	→													
舟		干	→													
车		石	→													
氵		火	→													
麻		異	→													
禾		欠	→													
𢦏		十	→													

2.3 我的字典词典之三：形旁—字—词语/声旁—字—词语

（1）形旁—字—词语

组字	组词语
木	木___，木___，木___
木	___来
木	___（rǎn）成
木	___子，油___，面___
木	___软
木	___子，这___，同___，一___，像……一___
木	农___
木	___料
木	___据，一___皮带
木	___子
木	___词法，结___
木	___会，手___，计算___
木	___反，___信，互___
木	学___
木	___物
木	笔___
木	___息，退___，离___

（2）声旁—字—词语

组字	读音	组词语
见	jiàn	见___，___见，___见，___见
见	___	在，___代，___成
见	___	笔墨纸___
干	gān	干___
	gàn	干___
干	___	笔___
干	___	___冰鞋
且	qiě	___且
且	___	___，___妹，小___
且	___	房___
且	___	___先
良	___	___费
良	___	___毛
良	___	姑___

2.4 我的字典词典之四：接龙

等	dĕng					看			wŭ				农			huì
	地					shū	法	yì	术		liú	作			bĭ	画
		法	yŭ							yùn		pĭn		zhōng	头	
现			文		四	băo			shēng	母				点		
dài	表			租					调				打			
	shì		shuāng				古					面	×		米	fàn
			音	jié		xiàn		汉	yŭ		油	tiáo	×	黑	sè	
	duō	音	cí		răn	成				bō	cài	×	木	băn	×	láng
最								光	huá			竹	jiăn	×	yáng	毛
hòu			fŭ	导			发	míng			名	piàn		jī	肉	
				yăn	员		duăn			动						
	kàn	电	shì			xiāng	信		植	wù	×	见		等	dì	
shēng	病										对	miàn		yú		
孩			直	xiá	市										qiān	
			jiē		chăng			少						máo	笔	
	笔	găn					大	liàng		gōng		钢		边		
老	tóu			suí		下	yŭ	×	bào	道			墨	zhĭ	砚	
shī			fāng	便		xuĕ		xuān	纸				zhī			

附录一　汉字表

说明

1. 本表包括下面几项

（1）读音。

（2）字。

（3）课：课文序号。

（4）等级：字的常用级。根据《汉语水平·汉字与词汇等级大纲》（以下简称《大纲》）标注：A＝甲，B＝乙，C＝丙，D＝丁，Y表示《大纲》里没有而《现代汉语词典》（第6版）里有的。

2. 本表按音序排列。

读音	字	课	等级
bǎ	把	5	A
bān	班	9	A
bān	般	15	A
bǎn	板	11	A
bàn	办	14	A
bāng	帮	7	A
bāo	包	10	A
báo	薄	14	B
bǎo	宝	15	B
bèi	贝	4	D
bǐ	比	7	A
bǐ	笔	1	A
bì	币	4	B
biàn	变	3	A
biàn	便	7	A
biǎo	表	2	A
bié	别	10	A
bìng	病	13	A
bō	菠	9	C
bó	帛	14	Y
bù	布	8	A
cāi	猜	6	B
cái	才	2	A
cái	材	13	B
cǎo	草	4	A
chá	查	1	A
chéng	成	4	A
chéng	城	12	A
chóu	绸	4	D
chū	出	2	A
chǔ	楚	3	A

读音	字	课	等级
chūn	春	14	A
cí	词	5	A
cí	辞	5	C
cuò	错	1	A
dài	代	3	A
dān	单	10	A
dàn	但	2	A
dāng	当	14	A
dǎo	导	1	A
dēng	灯	11	A
dì	帝	13	B
diǎn	典	1	A
diào	调	10	A
diào	掉	12	A
dìng	定	1	A
dòng	动	2	A
dòu	豆	9	B
dú	读	2	A
dǔ	堵	7	B
ér	而	1	A
fā	发	13	A
fān	翻	2	A
fán	繁	4	B
fǎn	反	10	A
fàn	范	11	B
fēi	飞	1	A
fēi	非	8	A
fēi	啡	2	A
fēng	风	11	A
fǔ	府	12	A
gǎn	杆	15	B

读音	字	课	等级
gāng	钢	8	A
gāo	高	8	A
gè	各	4	A
gēn	根	2	A
gèng	更	11	A
gòng	共	10	A
gòu	构	8	B
gǔ	古	3	B
gǔ	骨	13	B
guǎn	管	10	B
guāng	光	12	B
guǎng	广	12	A
guì	贵	4	A
guǒ	果	5	A
hán	韩	10	Y
hào	号	11	A
hé	和	1	A
huá	滑	15	B
huà	化	4	A
huà	画	1	A
huān	欢	14	A
huáng	黄	8	A
huì	绘	10	D
huó	活	3	A
huò	或	12	A
jī	机	11	A
jī	肌	10	C
jǐ	己	5	A
jì	计	11	A
jì	记	13	A
jiǎ	甲	13	C

读音	字	课	等级
jiān	间	1	A
jiǎn	简	12	A
jiàn	件	12	A
jiāo	交	11	A
jiào	较	7	A
jiē	接	6	A
jié	节	10	A
jié	结	8	A
jiě	解	11	A
jiè	界	4	A
jìn	近	6	A
jīng	经	4	A
jīng	睛	6	A
jīng	精	6	A
jǐng	景	11	B
jù	句	2	A
jù	具	13	B
jù	据	2	B
jué	决	5	A
jué	绝	10	B
kā	咖	2	A
kē	科	5	A
kě	渴	7	A
kǒng	孔	14	B
kuài	快	1	A
kuò	括	10	B
lán	蓝	4	A
láng	狼	15	B
làng	浪	1	B
lè	乐	3	A
lèi	类	5	B

读音	字	课	等级
lǐ	里	1	A
lì	历	3	A
lì	利	9	A
lì	例	3	A
lián	联	7	A
liàn	练	15	A
liáng	凉	8	A
liǎng	两	5	A
liàng	量	8	B
liào	料	13	B
líng	零	4	A
lù	录	13	A
lǚ	旅	1	A
lǜ	绿	4	A
luàn	乱	1	A
máng	盲	12	C
máo	毛	8	A
mào	帽	12	A
měi	每	1	A
měi	美	4	B
men	们	2	A
mín	民	4	A
mó	磨	15	B
mò	墨	15	B
ná	拿	12	A
nǎo	脑	3	B
ne	呢	2	A
niàn	念	7	A
nóng	农	12	A
ōu	欧	4	C
páng	旁	2	A

读音	字	课	等级
pǎo	跑	3	A
pí	皮	8	B
piān	偏	14	A
piàn	片	5	B
pīn	拼	12	B
pǐn	品	15	B
pǔ	普	10	B
qí	其	8	A
qì	气	2	A
qiān	千	3	A
qiān	铅	8	A
qiě	且	1	A
qín	芹	9	D
qīng	清	3	A
qíng	晴	6	A
qiū	秋	14	A
quán	全	6	A
què	确	1	A
rán	然	2	A
rǎn	染	4	B
ràng	让	12	A
rèn	认	2	A
róng	容	1	A
róu	柔	15	C
rú	如	3	A
ruǎn	软	15	B
sǎo	扫	12	B
sè	色	4	A
shān	山	11	A
shāng	商	13	A
shè	社	1	A

读音	字	课	等级
shén	神	6	A
shēng	声	6	A
shí	识	2	A
shǐ	史	3	A
shì	示	2	A
shì	世	4	A
shì	适	11	A
shōu	收	14	A
shū	蔬	9	B
shǔ	属	4	B
shù	术	15	A
shù	数	8	A
shuāng	双	8	A
shùn	顺	1	B
sī	丝	4	B
suàn	算	11	A
suī	虽	2	A
suǒ	所	5	A
tā	它	3	A
tè	特	8	A
tǐ	体	4	A
tíng	庭	2	A
tōng	通	10	A
tóng	同	4	A
tú	图	1	A
tuī	推	12	A
tuō	拖	8	B
wài	外	5	A
wán	完	6	A
wáng	王	13	B
wéi	为	3	A

读音	字	课	等级
wéi	围	11	A
wěi	尾	2	B
wèi	位	5	A
wù	物	9	A
xí	习	6	A
xǐ	喜	14	A
xì	系	2	A
xiā	瞎	12	C
xiāng	相	10	A
xiàng	像	1	A
xiào	校	14	A
xiē	些	2	A
xìn	信	11	A
xíng	形	2	B
xū	需	1	A
xù	序	1	B
xuān	宣	15	B
yā	鸭	11	C
yá	牙	9	B
yán	颜	4	A
yǎn	眼	6	A
yàn	砚	15	Y
yáng	羊	15	A
yè	业	13	A
yí	宜	14	A
yǐ	已	4	A
yì	义	11	A
yì	艺	15	A
yì	译	2	A
yì	易	1	A
yì	意	2	A

读音	字	课	等级
yīn	因	4	A
yīn	音	2	A
yīng	英	9	A
yóu	尤	8	A
yóu	油	9	B
yóu	游	1	A
yòu	又	1	A
yòu	右	5	A
yú	鱼	13	A
yǔ	与	4	B
yù	玉	9	B
yuán	元	4	A
yuán	圆	8	A
yuán	源	5	B
yuè	越	14	B
yún	云	13	A
yùn	运	8	A
yùn	韵	10	D
zé	则	9	B
zhāi	摘	12	B
zhàn	占	12	A
zhàn	战	13	B
zhě	者	5	A
zhēng	争	13	B
zhěng	整	13	A
zhèng	正	1	A
zhèng	证	12	B
zhèng	政	12	A
zhī	之	6	A
zhī	汁	15	D
zhí	直	13	A
zhí	植	9	B
zhǐ	只	2	A
zhǐ	纸	4	A
zhì	置	5	B
zhōng	终	10	B
zhòng	重	9	A
zhū	珠	8	B
zhú	竹	14	B
zhù	助	7	A
zhù	注	4	A
zǐ	紫	4	B
zì	自	5	A
zǒng	总	12	A
zǔ	祖	13	A
zuǒ	左	5	A
zuò	做	4	A

附录二　词语表

说明

1. 本表包括下面几项

（1）读音。

（2）课：课文序号。

（3）顺序和倒序：词语顺序排列和倒序排列。

（4）等级：词语的常用级。根据《汉语水平·汉字与词汇等级大纲》（以下简称《大纲》）标注：A=甲，B=乙，C=丙，D=丁，Y表示《大纲》里没有而《现代汉语词典》（第6版）里有的，Z表示《大纲》和《现代汉语词典》（第6版）里都没有的。

（5）英语：词语的英语翻译。

2. 本表的双音词和多音词有两种排法：一种是顺序，一种是倒序。这样可以看到：同样的汉字在词里的位置不同时可以跟哪些词语联系起来。例如："笔"在前面时，"笔杆、笔顺、笔头"在一起；"笔"在后面时，"毛笔、钢笔、铅笔、圆珠笔"在一起。这样的排列组，便于学习者更好地了解汉语词语的结构，也很容易联想。

3. 本表按音序排列，词语顺序排列时写出词语的读音，倒序排列时只写出后一个字的读音。例如："笔"，"笔杆、笔顺、笔头"分别写出bǐgǎn，bǐshùn，bǐtóu，而"毛笔、钢笔、铅笔、圆珠笔"只写出bǐ。

读音	课	顺序	等级	倒序	等级	英语
bái	9			大白菜	Y	Chinese cabbage
bái	10			明白	C	to understand
bǎikēcídiǎn	5	百科词典	Z			encyclopedia
bǎn	11			木板	Z	board, plank
bǎn	11			黑板	A	blackboard
bàn	14			开办	C	to set up, open , found
báo	14	薄	B			thin
bǎo	15			文房四宝	Y	the four treasures of the study
bèi	4	贝	Y			shell, cowrie
běnlái	3	本来	B			original
bǐgǎn	15	笔杆	Y			shaft of a pen or writing brush
bǐshùn	1	笔顺	Y			stroke order
bǐtóu	15	笔头	Y			brush tip
bǐ	8			毛笔	C	writing brush
bǐ	8			钢笔	A	fountain pen
bǐ	8			铅笔	A	pencil
bǐ	8			圆珠笔	B	ballpoint pen
biān	15			毛边纸	Y	maobian paper (paper made from bamboo)
biàn	7			方便	A	convenient
biàn	3	变	A			to change
biǎoshì	2	表示	A			to express
biǎo	11			代表	A	to represent ; representative
bìng	13			生病	C	to fall ill
bōcài	9	菠菜	C			spinach
bó	14	帛	Y			silk fabrics
bóshū	14	帛书	Y			silk manuscript
bùtóng	5	不同	A			different
bù	2	部	B			part, section , class
bùshǒu	2	部首	Y			index key
cáiliào	13	材料	B			material
cài	9			油菜	D	rape, colza
cài	9			蔬菜	B	vegetables

续表

读音	课	顺序	等级	倒序	等级	英语
cài	9			菠菜	C	spinach
cài	9			芹菜	D	celery
cài	9			花菜	Z	cauliflower
cài	9			大白菜	Y	Chinese cabbage
cǎo	4			蓝草	Z	true indigo (plant)
chángyòng	6	常用	D			in common usage
chē	7			堵车	Y	traffic jam
chéng	4			染成	Z	to dye
chéng	15			现成	C	ready-made
chéng	12	城	A			town, city
chóu	4			丝绸	Y	silk
chūtǔ	14	出土	Y			to excavate
chū	2			读出	Z	to read out, read aloud
chūnqiú	14	春秋	Y			Spring and Autumn (Period) (770–476 BC)
cíyì	11	词义	Y			meaning of a word
cíyǔ	8	词语	Y			words and expressions
cí	5			百科词典	Z	encyclopedia
cí	8			多音词	Z	polysyllabic word
cí	8			双音词	Z	word with two syllables
cí	9			构词法	Y	word-formation
cí	10			同音词	Y	homophone
Cíhǎi	5	辞海	Z			Cihai (encyclopedic dictionary)
Cíyuán	5	辞源	Z			Ciyuan (classical Chinese dictionary)
cóng...zhōng	4	从……中	Z			out of, from
cuò	1	错	A			wrong
dàbáicài	9	大白菜	Y			Chinese cabbage
dàduō	4	大多	D			mainly, mostly
dàduōshù	12	大多数	B			majority
dàliàng	14	大量	B			large quantity
dànǎo	3	大脑	C			brain, cerebrum
dà	10			绝大多数	Z	vast majority

续表

读音	课	顺序	等级	倒序	等级	英语
dàibiǎo	11	代表	A			to represent; representative
dài	13			商代	Z	Shang Dynasty（17th/16th-11th century BC）
dànshì	2	但是	A			but, however
dāngshí	14	当时	B			at that time
dǎoyóutú	1	导游图	Z			tourist map
dào	2			看到	A	to see
dào	4			得到	A	to get, obtain
dédào	4	得到	A			to get, obtain
de	1			有的	A	(there are) some
dēng	11			信号灯	Y	signal lamp
dēng	11			红绿灯	Y	traffic lights
dì	14	地	A			place, location
dì	13			天帝	Z	Lord on High, God
diǎn	5			百科词典	Z	encyclopedia
diào	10			声调	A	tone
diào	12			摘掉	Z	to take off (hat)
dìng	1			一定	A	certainly
dìng	5			决定	A	to determine, decide
dòngwù	15	动物	A			animal
dòuyóu	9	豆油	Y			soybean oil
dúchū	2	读出	Z			to read out, read aloud
dúyīn	2	读音	Y			pronunciation
dúzhě	5	读者	B			reader
dǔ	7	堵	B			to stop up, block
dǔchē	7	堵车	Y			traffic jam
duōyīncí	8	多音词	Z			polysyllabic word
duō	4			大多	A	mainly, mostly
duō	10			绝大多数	Z	vast majority
duō	12			大多数	B	majority
ér	10	而	B			whereas
érqiě	1	而且	A			moreover

续表

读音	课	顺序	等级	倒序	等级	英语
fāmíng	13	发明	B			to invent
fǎzé	9	法则	D			rule, law
fǎ	3			写法	Y	way of writing
fǎ	5			方法	A	method
fǎ	5			分类法	Z	categorization
fǎ	9			句法	Y	syntax
fǎ	9			构词法	Y	word-formation
fántǐzì	4	繁体字	D			the original complex form of a simplified Chinese character
fǎn	10			相反	B	opposite, contrary
fànwéi	11	范围	B			range, sphere
fāngbiàn	7	方便	A			convenient
fāngfǎ	5	方法	A			method
fáng	15			文房四宝	Y	the four treasures of the study
fēi	1	飞	A			to fly
fèi	1			浪费	B	to waste
fēnlèifǎ	5	分类法	Z			categorization
fēngjǐng	11	风景	B			landscape, scenery
fǔ	12			政府	A	government
gǎn	15			笔杆	Y	shaft of a pen or writing brush
gāngbǐ	8	钢笔	A			fountain pen
gèguó	4	各国	Z			every country
gēnjù	2	根据	B			according to
gēn…yíyàng	6	跟……一样	Z			to be the same as
gēn… yǒuguānxi	2	跟……有关系	Z			to have something to do with
gōngjù	13	工具	B			tool, utensil
gòucífǎ	9	构词法	Y			word-formation
gòu	8			结构	B	structure
gòu	13			能够	A	can, be capable of
gǔrén	3	古人	D			ancients, men of old
gǔ	13			甲骨文	Y	oracle-bone inscriptions

续表

读音	课	顺序	等级	倒序	等级	英语
gǔ	13			甲骨	Z	tortoise shells and animal bones
guān	8			有关	B	to concern; concerning
guǎnzi	10	管子	C			tube, pipe
guānghuá	15	光滑	C			smooth
guāngmíng	12	光明	B			light
guǎng	12			推广	B	to spread , popularize
guó	4			各国	Z	every country
guǒ	5			如果	B	if
hǎi	5			辞海	Z	Cihai (encyclopedic dictionary)
Hányǔ	10	韩语	Z			Korean language
hào	11			信号灯	Y	signal lamp
hēibǎn	11	黑板	A			blackboard
hónglǜdēng	11	红绿灯	Y			traffic lights
hòulái	4	后来	B			later, afterwards
hòu	1			先后	B	one after another
hòu	1			最后	A	finally
huācài	9	花菜	Y			cauliflower
huāshēngyóu	9	花生油	Y			peanut oil
huá	15			光滑	C	smooth
huà	12			简化	C	to simplify
huà	10			绘画	C	to draw, paint
huìhuà	10	绘画	D			to draw, paint
jī	11			计算机	C	computer
jīròu	10	肌肉	C			muscle
jìsuànjī	11	计算机	C			computer
jì	13	记	A			to record
jìlù	13	记录	B			to record
jiātíng	2	家庭	A			family
jiǎgǔ	13	甲骨	Z			tortoise shells and animal bones
jiǎgǔwén	13	甲骨文	Y			oracle-bone inscriptions
jiǎn	14	简	Y			slips used for writing on

续表

读音	课	顺序	等级	倒序	等级	英语
jiǎnhuà	12	简化	D			to simplify
jiǎntǐzì	15	简体字	D			simplified character
jiǎn	14			竹简	Y	bamboo slip (for writing)
jiǎn	14			木简	Y	wooden slip (for writing)
jiàn	12			看见	A	to see
jiāotōng	11	交通	B			traffic
jiējìn	6	接近	B			close to
jiē	13			直接	B	direct
jié	10			音节	Y	syllable
jiégòu	8	结构	B			structure
jiě	11			了解	A	to understand
jīnshǔ	4	金属	B			metal
jìn	6			接近	B	close to
jìn	14			最近	A	recent
jing	6			眼睛	A	eye
jīngshén	6	精神	A			spirit, mind
jǐng	11			风景	B	landscape, scenery
jùfǎ	9	句法	Y			syntax
jùwěi	2	句尾	Z			end of the sentence
jù	13			工具	B	tool, utensil
jù	2			根据	B	according to
juédìng	5	决定	A			to determine, decide
juédàduōshù	10	绝大多数	Z			vast majority
kāibàn	14	开办	C			to set up, open, found
kàndào	2	看到	Z			to see
kànjiàn	12	看见	A			to see
kē	5			百科词典	Z	encyclopedia
kè	13	刻	B			to carve
Kǒngzǐ	14	孔子	Z			Confucius (551–479 BC)
Kǒu	12			总人口	Z	total population
kuài	1	快	A			fast

续表

读音	课	顺序	等级	倒序	等级	英语
kuàilè	3	快乐	B			happy, merry
lái	3			本来	B	original
lái	4			后来	B	later, afterwards
lái	14			越来越	B	more and more
láncǎo	4	蓝草	Z			true indigo (plant)
lángmáo	15	狼毛	Z			wolf's hair
làngfèi	1	浪费	B			to waste
lè	3			快乐	B	happy, merry
lèi	5	类	B			kind, sort, category
lèi	5			分类法	Y	categorization
lèi	8			种类	C	kind, type, category
lèi	9			同类	D	similar, same kind
lìshǐ	3	历史	A			history
lìrú	3	例如	A			for example
liánxiǎng	7	联想	D			to associate
liàng	8			数量	B	quantity, amount, number
liàng	14			少量	B	a few, small quantity
liàng	14			大量	B	large quantity
liǎojiě	11	了解	A			to understand
liào	13			材料	B	material
língqián	4	零钱	B			small change (money)
lù	13			记录	B	to record
lǚxíngshè	1	旅行社	Y			travel agency
lǚyóu	1	旅游	B			to travel; tourism
lǜ	11			红绿灯	Y	traffic lights
luàn	1	乱	A			chaotic, arbitrary
máng	12	盲	Y			blind
máng	12			扫盲	Y	to eliminate illiteracy
máng	12			文盲	D	illiterate (person)
máobǐ	8	毛笔	C			writing brush
máobiānzhǐ	15	毛边纸	Y			maobian paper (paper made from bamboo)

续表

读音	课	顺序	等级	倒序	等级	英语
máo	15			狼毛	Z	wolf's hair
máo	15			羊毛	Y	goat's hair
men	3			它们	A	they (nonhuman)
mǐ	9			玉米油	Z	corn oil, maize oil
miàn	3			上面	B	above
mín	12			农民	A	peasant, farmer
míngbai	10	明白	C			to understand
míng	13			发明	B	to invent
míng	12			光明	B	light
míng	3			说明	A	to explain, indicate
mó	15	磨	B			to rub
mò	15	墨	C			ink stick, ink cake
mòzhī	15	墨汁	Y			(prepared) Chinese ink
mǔ	10			声母	Y	initial, onset
mǔ	10			韵母	Y	back part of a syllable without its initial
mùbǎn	11	木板	Y			board , plank
mùjiǎn	14	木简	Y			wooden slip (for writing)
mùpiàn	14	木片	Z			oblong pieces of wood
nǎo	3			大脑	C	brain, cerebrum
nénggòu	13	能够	A			can, be capable of
nián	14			十年	Z	decade
nóngmín	12	农民	A			peasant, farmer
nóngyè	13	农业	A			agriculture
páng	3	旁	B			components of a Chinese character
páng	5			偏旁	Y	component
páng	6			声旁	Y	phonetic
páng	2			形旁	Y	signific
pǎo	3	跑	A			run
piānpáng	5	偏旁	Y			component
piānzhèng	8	偏正	Z			endocentric construction, modifier-head-construction

续表

读音	课	顺序	等级	倒序	等级	英语
piàn	14			木片	Z	oblong pieces of wood
piàn	14			竹片	Z	oblong pieces of bamboo
pǐn	15			作品	B	works (of literature, art)
qīzhōng	10	期中	Y			midterm
qīzhōng	10	期终	Y			end of term
qì	2			语气	B	mood
qiānbǐ	8	铅笔	A			pencil
qián	4			零钱	B	small change (money)
qiě	1			而且	A	moreover
qíncài	9	芹菜	D			celery
qíng	3			心情	B	mood, frame of mind
qing	13			事情	A	affair, matter, thing
qiū	14			春秋	Y	Spring and Autumn (Period) (770–476 BC)
quán	6			完全	A	completely
què	1			正确	A	right, correct
rán	2			虽然	A	although
rǎnchéng	4	染成	Z			to dye
ràng	12	让	A			cause (someone to do something), let (someone do something)
rén	3			古人	D	ancients, men of old
rén	12			总人口	Z	total population
rèn	7	认	B			to recognize
róngyì	1	容易	A			easy
róuruǎn	15	柔软	C			soft
ròu	10			肌肉	C	muscle
rúguǒ	5	如果	B			if
rú	3			例如	A	for example
ruǎn	15			柔软	C	soft
sǎománg	12	扫盲	Y			to eliminate illiteracy
shān	11	山	A			hill; mountain
shānshuǐ	11	山水	D			hills and waters; scenery

续表

读音	课	顺序	等级	倒序	等级	英语
shāngdài	13	商代	Z			Shang Dynasty (17th/16th–11th century BC)
shàngmiàn	3	上面	B			above
shàng	12			以上	B	over, more than, above
shǎoliàng	14	少量	D			a few, small quantity
shè	1			旅行社	Y	travel agency
shén	6			精神	A	spirit, mind
shēng	13	生	B			give birth to; bear
shēngbìng	13	生病	C			to fall ill
shēng	9			花生油	Y	peanut oil
shēngdiào	10	声调	A			tone
shēngmǔ	10	声母	Y			initial, onset
shēngpáng	6	声旁	Y			phonetic
shēng	6			形声字	Z	signific-phonetic character
shínián	14	十年	Z			decade
shí	1	时	D			when
shí	14			当时	B	at that time
shi	4			知识	A	knowledge
shíyòngyóu	9	食用油	Z			edible oil
shǐ	3			历史	A	history
shì	2			表示	A	to express
shìqing	13	事情	A			affair, matter , thing
shì	2			但是	A	but, however
shì	2			只有…… 才是……	Z	only if ...
shì	8			只是	B	merely, only, but
shìyòng	11	适用	B		B	applicable
shōu	14	收	A			to take in, accept
shǒu	2			部首	Y	index key
shū	12			证书	C	certificate
shū	14			帛书	Y	silk manuscript
shūcài	9	蔬菜	B			vegetables

续表

读音	课	顺序	等级	倒序	等级	英语
shú	11	熟	A			cooked; done
shǔ	4			金属	B	metal
shù	15			艺术	A	art
shùliàng	8	数量	B			quantity, amount, number
shù	12			大多数	B	majority
shù	10			绝大多数	Z	vast majority
shuāngyīncí	8	双音词	Z			word with two syllables
shuǐ	11			山水	D	hills and waters; scenery
shùnxù	1	顺序	D			order
shùn	1			笔顺	Y	stroke order
shuōmíng	3	说明	A			to explain, indicate
sīchóu	4	丝绸	Y			silk
sì	15			文房四宝	Y	the four treasures of the study
suàn	11			计算机	C	computer
suīrán	2	虽然	A			although
suǒyǐ	5	所以	A			therefore
tāmen	3	它们	A			they (nonhuman)
tǐ	4			繁体字	D	the original complex form of a simplified Chinese character
tǐ	15			简体字	D	simplified character
tiāndì	13	天帝	Y			Lord on High, God
tíng	2			家庭	A	family
tōng	11			交通	B	traffic
tóng	5	同	B			same
tónglèi	9	同类	D			similar, same kind
tóngyàng	4	同样	B			same, similar
tóngyīncí	10	同音词	Y			homophone
tóng	5			不同	A	different
tóu	15			笔头	Y	brush tip
tú	1			导游图	Z	tourist map
tǔ	14			出土	Y	to excavate

续表

读音	课	顺序	等级	倒序	等级	英语
tuīguǎng	12	推广	B			to spread, popularize
wài	5	外	A			outside
wánquán	6	完全	A			completely
wánzhěng	13	完整	B			complete
wáng	13	王	D			king
wéi	11			范围	B	range, sphere
wěi	2			句尾	Z	end of the sentence
wèizhì	5	位置	B			position
wénfángsìbǎo	15	文房四宝	Y			the four treasures of the study
wénmáng	12	文盲	D			illiterate (person)
wén	5			语文	C	language
wén	13			甲骨文	Y	oracle-bone inscriptions
wù	9			植物	B	plant
wù	15			动物	A	animal
xiāzi	12	瞎子	Y			blind person
xiān…hòu…	5	先……后……	Z			first..., then...
xiānhòu	1	先后	B			one after another
xiān	13			祖先	C	ancestors
xiànchéng	15	现成	C			ready-made
xiāngfǎn	10	相反	B			opposite, contrary
xiāngxìn	13	相信	A			to believe
xiāngyóu	9	香油	Y			sesame oil
xiǎng	7			联想	B	to associate
xiàng…yīyàng	1	像……一样	Z			to be like
xiē	3			有些	A	(there are) some
xiěfǎ	3	写法	Y			way of writing
xīnqíng	3	心情	B			mood, frame of mind
xìnhàodēng	11	信号灯	Y			signal lamp
xìn	13			相信	A	to believe
xíng	1			旅行社	Y	travel agency
xíngpáng	2	形旁	Y			signific

续表

读音	课	顺序	等级	倒序	等级	英语
xíngshēngzì	6	形声字	Z			signific-phonetic character
xūyào	1	需要	A			to need
xù	1			顺序	D	order
xuānzhǐ	15	宣纸	Y			Xuan paper, a kind of high-grade rice paper
yāzi	11	鸭子	C			duck
yǎnjing	6	眼睛	A			eye
yàn	15	砚	Y			inkstone, inkslab
yángmáo	15	羊毛	Y			goat's hair
yàng	4			同样	B	same, similar
yàng	8			这样	A	such , like this
yào	1			需要	A	to need
yè	13			农业	A	agriculture
yī...jiù...	2	一……就……	Y			as soon as ...
yīdìng	1	一定	A			certainly
yǐshàng	12	以上	B			over, more than, above
yǐ	5			所以	A	therefore
yì	11			词义	Y	meaning of a word
yìshù	15	艺术	A			art
yì	1			容易	A	easy
yīn	2	音	C			pronunciation
yīnjié	10	音节	Y			syllable
yīn	2			读音	Y	pronunciation
yīn	8			多音词	Z	polysyllabic word
yīn	8			双音词	Z	word with two syllables
yīn	10			同音词	Y	homophone
yòng	6			常用	D	in common usage
yòng	9			食用油	Z	edible oil
yòng	11			适用	B	applicable
yóucài	9	油菜	D			rape, colza
yóu	9			食用油	Z	edible oil
yóu	9			花生油	Y	peanut oil

续表

读音	课	顺序	等级	倒序	等级	英语
yóu	9			豆油	Y	soybean oil
yóu	9			香油	Y	sesame oil
yóu	9			玉米油	Z	corn oil, maize oil
yóu	1			旅游	B	to travel; tourism
yóu	1			导游图	Z	tourist map
yǒude	1	有的	A			(there are) some
yǒuguān	8	有关	B			to concern ; concerning
yǒuxiē	3	有些	A			(there are) some
yǒu	2			只有……才是……	Z	only if ...
yòu...yòu...	1	又……又……	Z			both ... and
yòu	5	右	A			the right side
yǔ	4	与	B			and
yǔ	13	雨	A			rain
yǔqì	2	语气	B			mood
yǔwén	5	语文	C			language and script
yǔ	8			词语	Y	words and expressions
yǔ	10			韩语	Z	Korean language
yùmǐyóu	9	玉米油	Z			corn oil, maize oil
yuánzhūbǐ	8	圆珠笔	B			ballpoint pen
yuán	5			辞源	Z	Ciyuan (classical Chinese dictionary)
yuèláiyuè...	14	越来越	B			more and more
yuè	14			越来越……	B	more and more
yún	13	云	A			cloud
yùnmǔ	10	韵母	Y			back part of a syllable without its initial
zé	9			法则	D	rule, law
zhāidiào	12	摘掉	Z			to take off (hat)
zhàn	12	占	A			to make up (... %)
zhànzhēng	13	战争	B			war
zhě	5			读者	Y	reader
zhèyàng	8	这样	A			such, like this

续表

读音	课	顺序	等级	倒序	等级	英语
zhēng	13			战争	B	war
zhěng	13			完整	B	complete
zhèngquè	1	正确	A			right, correct
zhèng	8			偏正	Z	endocentric construction, modifier-head construction
zhèngshū	12	证书	C			certificate
zhèngfǔ	12	政府	A			government
zhī	15			墨汁	Y	(prepared) Chinese ink
zhīshi	4	知识	A			knowledge
zhíjiē	13	直接	B			direct
zhíwù	9	植物	B			plant
zhǐshì	8	只是	B			merely, only, but
zhǐyǒu… cáishì…	2	只有……才是……	Z			only if ...
zhǐ	4	纸	A			paper
zhǐ	15			毛边纸	Y	maobian paper (paper made from bamboo)
zhǐ	15			宣纸	Y	Xuan paper, a kind of high-grade rice paper
zhì	5			位置	B	position
zhōng	10			期中	Z	midterm
zhōng	10			期终	Z	end of term
zhǒnglèi	8	种类	C			kind, type, category
zhū	8			圆珠笔	B	ballpoint pen
zhújiǎn	14	竹简	Y			bamboo slip (for writing)
zhúpiàn	14	竹片	Z			oblong pieces of bamboo
zhúzi	15	竹子	B			bamboo
zi	10			管子	C	tube , pipe
zi	11			鸭子	C	duck
zi	12			瞎子	Y	blind person
zǐ	14			孔子	Z	Confucius (551–479 BC)
zi	15			竹子	B	bamboo
zǐ	4	紫	B			purple, violet

续表

读音	课	顺序	等级	倒序	等级	英语
zì	4			繁体字	D	the original complex form of a simplified Chinese character
zì	15			简体字	D	simplified character
zì	6			形声字	Z	signific-phonetic character
zǒngrénkǒu	12	总人口	Z			total population
zǔxiān	13	祖先	C			ancestors
zuìhòu	1	最后	A			finally
zuìjìn	14	最近	A			recent
zuǒ	5	左	A			the left side
zuòpǐn	15	作品	B			works (of literature, art)
zuò	10	做	A			do; make

练习答案

第一课

2.1 写出笔顺规则

先横后竖　先撇后捺

从上到下　从左到右

先外后里　先外后里再封口　先中间后两边

2.2 我的字典词典

2.2.1 我的字典词典之一：用“子”组词语

子：帽子　袍子　裙子　裤子　袜子　鞋子　靴子

馆子　桌子　杯子　筷子　包子　饺子　柿子

孩子　儿子　脑子　句子　条子　箱子　样子

+10.管子　11.鸭子　12.瞎子　15.竹子

2.2.2 我的字典词典之二：组字组词语

（1）

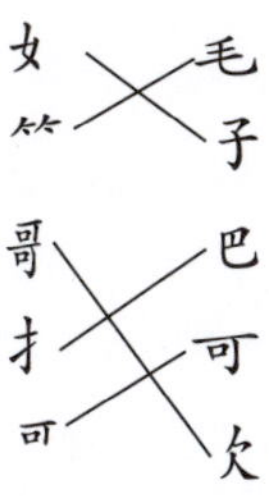

——笔：笔画　笔顺　**+8.毛笔　钢笔　铅笔　圆珠笔　15.笔杆　笔头**

——好：（hǎo）好看　好吃　好懂　你好　（hào）爱好

——把：把水喝了

——哥：哥哥　大哥

——歌：歌手

木　又——汉：汉语　汉字　汉人

穴　取——最：最低　最大　最小　最后　最多　**+12.最少　14.最近**

门　牙——穿：穿衣服

日　旦——查：查字典　查词典

氵　口——问：问题　请问

亻　耳——闻：新闻

门　𠂤——旅：旅游　旅行社

氵　寸——导：导演　导游图　辅导

巳　良——浪：浪费

方　象——像：像……一样　好像

（2）

日　女——安：安排

土　与——写：写汉字　书写　听写　**+3.写法**

冖　寸——时：时间　时髦　时候　小时　过时　**+14.当时**

舌　也——地：地图　地址　地方　**+14.等地**

宀　乚——乱：这么乱

钅　寸——对：对不起　对面　对话

石　昔——错：不错　写错

又　谷——容：容易

宀　而——需：需要

⻗　角——确：正确

彳　土——社：社会　旅行社

川　口——和：你和他

礻　可——河：黄河

禾　艮——很：很好　很忙　很喜欢　很舒服

氵　页——顺：顺序　笔顺

2.2.3 我的字典词典之三：形旁—字—词语/声旁—字—词语

（1）形旁—字—词语

口　口语　可口　**+7.口渴**

吧　走吧

吃　吃饭　吃馆子　好吃　难吃　小吃店

喝　喝水　喝茶（红茶　绿茶　白茶　茉莉茶）喝酒（白酒　啤酒）喝咖啡　喝汤　喝粥

叫　叫什么名字

吗　贵吗

哪　哪里　哪儿　哪些

听　听写　听力　听录音　听音乐

呼　打招呼

咖　咖啡

啤　啤酒

味　味道　风味

知　知道　**+4.知识**

和　你和他

号　号码　**+11.信号灯**

问　问题　请问

名　名字　名片　名人　姓名　有名　起名字

（2）声旁—字—词语

马　mǎ　马上　马褂

妈　mā　妈妈

码　mǎ　号码

吗　ma　贵吗

介　jiè　介绍

价 jià 价钱 砍价

界 jiè 世界

号 hào 号码 **+11.信号灯**

巧 qiǎo 巧克力奶

考 kǎo 考试

烤 kǎo 烤鸭

该 gāi 应该

孩 hái 孩子

刻 kè 一刻钟 **+13.直接刻**

2.3 查《现代汉语词典》

班级_____ 姓名____________________ 完成时间_______年____月____日

	页	部首/笔画数	字的笔画数	读音	词义（第一项）
思	1230	田 5 心 4	9	sī	思考；想
闻	1365	门 3 耳 6	9	wén	听见
公	449	八 2	4	gōng	属于国家和集体的（跟“私”相对）
班	32	王 4	10	bān	为了工作或学习等目的而编成的组织
帮	39	巾 3	9	bāng	帮助

第二课

2.2 我的字典词典

2.2.1 我的字典词典之一：用“天”“年”“间”组词语

天：前天 昨天 今天 明天 后天 星期天｜天气 晴天 阴天 **+13.天帝**

年：前年 去年 今年 明年 后年｜青年｜年级 年号

间：房间 时间 之间 中间

2.2.2 我的字典词典之二：组字组词语

（1）

广 日 ——间：房间 时间 中间 之间

门 予 ——序：顺序

扌 羽 ——翻：翻译

番 斿 ——游：游泳 旅游 导游图

氵 非 ——排：安排 后排 前排

云 勿 ——易：容易

亻 司 ——词：词典 名词 动词 形容词 代词 介词 助词 副词 数词 量词

生词 **+5.百科词典 8.双音词 多音词 词语 9.构词法 10.同音词 11.词义**

口 旦 ——但：但是

讠 力 ——动：动词 活动 **+8.运动鞋**

日 巴 ——吧：走吧

讠 亍 ——行：（xíng）旅行社 不行 （háng）银行

彳 乞 ——吃：吃馆子 吃饭 好吃 难吃 小吃店

又 堇 ——懂：好懂 看懂 听懂

忄 见 ——观：参观

口 卖 ——读：读书 读课文 读音 阅读 **+5.读者**

（2）

忄 贝——费：费用　电费　学费　浪费　手机费

弗 贯——惯：习惯

力 垂——睡：睡觉　睡午觉

目 文——放：放假

方 口——加：加一碗水

是 加——咖：咖啡

田 方——房：房间　房租　**+15.文房四宝**

⻊ 心——思：意思

户 页——题：问题

口 艮——跟：高跟儿鞋　**+6.跟……一样**

夂 艮——根：根据　一根皮带

木 方——访：访问

宀 勺——的：别的

白 豕——家：家庭　作家　画家　科学家　哲学家　文学家　书法家　音乐家　国家　酒家　回家　全家照

讠 朩——条：条子　油条　面条

2.2.3 我的字典词典之三：形旁—字—词语/声旁—字—词语

（1）形旁—字—词语

水　开水

法　法语　语法　做法　书法　**+5.方法　分类法　8.法则　句法　构词法**

海　海鲜　上海　**+5.辞海**

汉　汉语　汉字　汉人

江　长江

湖　湖南　湖北

酒　酒家　酒水　白酒　啤酒

没　没有　没关系　没意思　没事儿

汤　酸辣汤　喝汤

浅　浅蓝　（也可以是“深　深蓝”）

注　注意　（也可以是“满　满意”）

清　清楚　清新

浪　浪费

洗　洗澡

游　游泳　旅游　导游图

汁　果汁　橘子汁　收汁　**+15.墨汁**

浆　豆浆

（2）声旁—字—词语

是　shì　可是　还是　就是　但是　**+8.只是**

题　tí　问题

提　tí　提前

门　mén　开门　关门

们　men　我们　你们　他们　她们　它们　咱们

闻　wén　新闻

问　wèn　问题　请问

爸　bà　爸爸

吧　ba　走吧

把　bǎ　把水喝了

包　bāo　包子　包括　包饺子　钱包　面包　打包

饱　bǎo　吃饱了

跑　pǎo　跑步　**+3.快跑**

袍　páo　袍子

2.2.4 我的字典词典之四：接龙

				小	阿	姨		不				看	不	见		安
辅	导			吃			旅	行	社		好	懂			后△	排
	游		饭	店		差			会	话				今△	天	
	图	书	馆		对	不	起					女	青	年	╳	识
		写				多			正	确		孩			汉	字
			预	报				不	在		杯	子		英	语	
		学	习				写	错					中	文		
	先	生				工	作		这	种		下	午	╳	房	租
	后						业		些		上	班	╳	之	间	
笔	顺			机							网		美			
	序		开	会					左	右			术		结	束
			始					上	边	╳	大	使	馆		婚	
	牛			点		必	修	课		哥	哥					
猪	肉	炒	白	菜		须							名△	词		
		饭	╳	╳	裤			南			西	服		语	音	
			包	饺	子		黄	瓜		中	餐				乐	器
	红	裙	子				油			国			哲	学	家	
喝	茶								说	话				校		

△ 表示可以有不止一种答案。下同。

第三课

我的字典词典

2.1　我的字典词典之一：用“饭”“餐”“衣”组词语

饭：饭店　饭馆 | 早饭　午饭　晚饭　米饭 | 吃饭　炒饭　做饭　开饭　煮饭

餐：早餐　午餐　晚餐　西餐　中餐　快餐店

衣：衣服　大衣　上衣　毛衣　绒衣

2.2　我的字典词典之二：组字组词语

（1）

日　冬——图：图书馆　地图　导游图
口　疋——是：可是　就是　还是　但是　**+8.只是**
讠　胡——湖：湖南　湖北
氵　叚——假：放假
亻　亥——该：应该

京　亥——孩：孩子
氵　且——姐：姐姐　姐妹　小姐
广　酉——酒：酒家　酒水　白酒　啤酒
女　尤——就：就是　就像
子　廷——庭：家庭

忄　廷——挺：挺……的
扌　吾——语：语言　语音　语法　语文　语气　语伴　母语　国语　口语　外语
德语　英语　汉语　法语　日语　**+8.词语　9.意大利语　西班牙语　10.韩语**
酉　辶——送：送孩子　播送
关　昔——醋：糖醋
讠　夬——快：快乐　快跑

（2）

氵　井——讲：讲普通话
口　争——净：干净
冫　工——江：长江
广　丩——叫：叫什么名字
讠　林——麻：麻烦　麻婆豆腐

扌　舌——活：活动
此　居——据：根据
氵　虫——虽：虽然
口　又——变：变了
亦　二——些：一些　有些　这些　哪些

亻　非——啡：咖啡
大　见——觉：（jué）觉得　（jiào）睡觉　睡午觉
口　青——清：清楚　清新
⺍　弋——代：现代　古代　**+11.代表　13.商代**
氵　月——有：有些　有意思　有关系　有时候　有名　有点儿　没有　只有　**+8.有关**

2.3　我的字典词典之三：形旁—字—词语/声旁—字—词语

（1）形旁—字—词语

心：心情　点心　恶心　背心

忙：很忙

懂：好懂

情：情况　心情　**+13.事情**

惯：习惯

快：快乐　快跑

您：您好

意：意思　意见　愿意　满意　注意

想：想去……　**+7.联想**

怎：怎么　怎么样

思：意思

感：性感

念：念课文

态：态度

息：信息　休息

愿：愿意

忘：忘了

（2）声旁—字—词语

古　gǔ　古代　古人　蒙古文

故　gù　故事　故事片儿

苦　kǔ　苦咖啡

姑　gū　姑娘

菇　gū　蘑菇

方　fāng　方法　方言　地方　北方　南方　**+7.方便**

访　fǎng　访问

放　fàng　放假

房　fáng　房间　房租　**+15.文房四宝**

旁　páng　旁边　形旁　**+5.偏旁　6.声旁**

场　chǎng　市场

扬　yáng　表扬

汤　tāng　酸辣汤　喝汤

烫　tàng　汤很烫

2.4 我的字典词典之四：接龙

	买			一	刻	钟						短	袄			买
广	东					点	菜			牛	仔	裤			凉	菜
	西	部			手	工			饭				白	开	水	
		首	府		机		美	术	馆		喝	啤	酒			
				浪	费						热				上	海
	阅	读					酒	家		绿△	茶			北	边	
		书	写			开	水			颜				京		
			汉		省	会		银	白	色		素		语	伴	
		名	字					行			咸	菜		言		
	工	人	╳	砍	价					国				大		
合	资		普		钱	包			外	语			中	学		
适			通			括		前	边		日	本	国			
		电	话				以	后			期		人	民	大	学
	学	费				提	前		过	时						
星	期			新	闻					髦					为	
			海	鲜			教		橘			可	口		什	
刮	风				办	公	室		子		不	能	╳	怎	么	样
	味	道				司		果	汁		用		什	么		子

第四课

我的字典词典

2.1　我的字典词典之一：用“边”“家”组词语

边：东边　西边 | 南边　北边 | 上边　下边 | 左边　右边 | 里边　外边 | 前边　后边 | 旁边

家：画家　作家　科学家　哲学家　音乐家　书法家 | 国家 | 酒家 | 回家　家庭　全家照

2.2　我的字典词典之二：组字组词语

（1）

亻　人——从：从来　从……中　从……到……
人　㝵——得：得到　觉得
女　辶——边：东边　西边　南边　北边　上边　下边　左边　右边　里边　外边
　　　　　前边　后边　旁边　**+15.毛边纸**
力　疋——楚：清楚
林　古——姑：姑娘

讠　马——妈：妈妈
手　糸——繁：繁体字
夂　目——看：看到　看病　看电视　看电影　看书　看情况　好看　难看　**+12.看见**
敏　兑——说：说话　说明
女　口——各：各种　各国

厂　各——客：客人　客气　请客　顾客
宀　心——忘：忘了
亻　王——望：希望
胡　列——例：例如
亡　力——历：历史

（2）

忄　快 ——筷：筷子　碗筷
尸　令 ——冷：天气很冷
冫　亡 ——忙：很忙
口　禹 ——属：金属
⺮　卑 ——啤：啤酒

亻　女 ——要：需要　**+9.重要**
⻊　匕 ——化：文化　**+12.简化**
西　早 ——草：草字头　蓝草
艹　人 ——认：认识　认为
讠　包 ——跑：跑步 快跑

月　包 ——饱：吃饱了
尸　也 ——她：她们
饣　灬 ——然：然后　虽然
女　㐫 ——脑：脑子　电脑　大脑
肰　毛 ——尾：句尾

2.3　我的字典词典之三：形旁—字—词语/声旁—字—词语

（1）形旁—字—词语

言：语言　方言

访：访问

该：应该

话：说话　会话　对话　电话　普通话　北京话　上海话　广东话……

请：请问　请客

谁：他是谁

说：说话　说明

语：语言　语音　语法　国语　口语　外语　汉语　法语　德语　英语　日语　**+5.语文　8.词语**
9.意大利语　西班牙语　10.韩语

词：词典　生词　名词　动词　代词　形容词　介词　副词　数词　量词　助词　**+8.词语**
多音词　双音词　10.同音词

读：读书　读音　阅读

认：认识　认为

课：课文　课程表　必修课　选修课　上课　下课

识：识字　认识　知识

试：考试

调：（tiáo）调好　（diào）**+10.声调**

谢：谢谢

信：信息　短信　**+11.信号灯　13.相信**

（2）声旁—字—词语

化　huà　文化　**+12.简化**

花　huā　花钱　花茶　花椒粉　**+9.花菜**

靴　xuē　靴子

货　huò　货币

华　huá　华侨

哗　huā　哗哗响

末　mò　肉末　周末

茉　mò　茉莉茶

袜　wà　袜子

冷　lěng　天气很冷

龄　líng　保龄球

零　líng　零钱

北　běi　北京　北边　东北

背　bèi　背心

2.4 我的字典词典之四：接龙

早△	上		个	体	户				地	址		古		日		字
	面	条		育			导	游	图	×	现	代	汉	语	词	典
虽	×	子			比	较	×	泳		正	在					
然	后	×	篮	球	赛	×	姓			确					煮	烂
	天	气				起	名	字						做	饭	
				说		床			一	星	期		看	到		
打	工		电	话					下			听	懂		形	
牌	×	大	脑	×	今	后		橘	子	汁		录			容	易
	外	衣	×	前	天△		脑	子			读	音		名	词	
中	国		后	排							课			字		书
间									念	课	文		别			法
		不	在	了		快	乐			程		有	的		作	家
			线			餐				表		些	×	工	业	
不	清	楚		小	吃	店							客	人		
好△					早△			爱	人		公		气	×	一	般
看	见				饭		你	好*	×	知	道			钟	点	
	面	包				咱	们	×	认	识		清			儿	
		括						因	为*			新	闻			

* 表示这个字在两个词语中读音不一样，例如：因wèi，认wéi；nǐ好（hǎo），ài好（hào）。下同。

第五课

2.1 我的字典词典

2.1.1 我的字典词典之一：用“名”“色”组词语

名：名字　名片　名人｜姓名　有名

色：颜色　白色　黑色　红色　黄色　绿色　蓝色　米色　棕色　紫色　银白色　粉红色

2.1.2 我的字典词典之二：组字组词语

（1）

雨　本——体：体育　个体户　繁体字　**+15.简体字**
亻　令——零：零钱

纟　大——美：美元　美国
𦍌　欠——欧：欧元　欧洲
区　周——绸：丝绸

饣　𠃓——汤：酸辣汤　喝汤
日　火——烫：汤很烫
并　免——晚：晚上　晚饭
汤　反——饭：饭店　饭馆　早饭　午饭　晚饭　吃饭　做饭　煮饭　开饭　炒饭
氵　瓦——瓶：一瓶啤酒

囗　殳——没：没有　没意思　没关系　没事儿
氵　口——如：如果　例如
亻　木——染：染成
氿　门——们：我们　你们　他们　她们　它们　咱们
女　玉——国：国家　国籍　中国　德国　法国　英国　美国　日本国　各国

（2）

亻　刂——到：看到　得到　做到　从……到……　**+12.拿到**

扌　攵——故：故事　故事片儿

古　故——做：做饭　做法　做到

口　夬——块：一块手表

至　马——吗：贵吗

冫　尼——呢：你呢

今　兄——况：情况

口　佥——脸：洗脸

月　㒼——满：满意

氵　心——念：念课文

女　疋——定：一定　决定

讠　齐——济：经济

宀　介——价：价钱　砍价

氵　良——娘：姑娘

亻　炎——谈：谈话

2.1.3 我的字典词典之三：形旁—字—词语/声旁—字—词语

（1）形旁—字—词语

女：女士　女儿　女青年　女翻译　妇女

好：（hǎo）好看　好吃　好懂　调好　（hào）爱好

姐：姐姐　姐妹　小姐

她：她们

妹：妹妹　姐妹

姓：姓名　贵姓

妇：妇女

姑：姑娘

婚：结婚

奶：奶奶　牛奶　酸奶　巧克力奶

娘：姑娘

姨：阿姨

妈：妈妈

嫩：肉很嫩

多：多少　多云　很多　**+10.绝大多数　12.大多数**

够：能够

（2）声旁—字—词语

工　gōng　工人　工作　工资　工业　打工　钟点工　**+13.工具**

红　hóng　红茶　红色　粉红色　红桥　**+11.红绿灯**

江　jiāng　长江

项　xiàng　项链

空　kòng　有空　填空

块　kuài　一块手表

决　jué　决定

快　kuài　快乐　快跑

筷　kuài　筷子　碗筷

蓝　lán　蓝色　蓝草　浅蓝　深蓝

篮　lán　篮球

览　lǎn　展览

比　bǐ　比较　比赛

批　pī　批评

2.2 查词典

班级______ 姓名____________

	词典	册/页	部首/笔画数	字的笔画数	读音	释义（第一项）
名	《汉语大词典》	3/162	口/3	6	míng	1. 人的名字。《礼记・曲礼下》……
	《辞源》	260	口/3	6	míng	1. 事物的称号。《管子・心术上》……
	《辞海》	中/2347	夕/3	6	míng	1. 起名字；命名。《礼记・祭法》……
视	《汉语大词典》	10/332	見/7	11（視）	shì	1. 看。《易・履》……
	《辞源》	1551	見/7	11（視）	shì	1. 看，审查。《书・太甲中》……
					zhǐ	通“指”。《列子・汤问》……
	《辞海》	下/4503	礻/4	8	shì	1. 看；审查。如：视察；巡视。《荀子・劝学》……
					zhǐ	通“指”。《列子・汤问》……
堂	《汉语大词典》	2/1119	土/3	11	táng	1. 夯土使高出地面成四方形的屋基。《书・大诰》……
	《辞源》	332	土/3	11	táng	1. 殿。古时称殿或堂，多指正房而言。《礼・礼器》……
	《辞海》	下/4726	⺌/5	11	táng	1. 古代宫室，前为堂，后为室。《论语・先进》……

续表

	词典	册/页	部首/笔画数	字的笔画数	读音	释义（第一项）
思	《汉语大词典》	7/440	心/4	9	sī	1. 思想，意念。南朝·梁·刘勰《文心雕龙·杂文》……
	《辞源》	601	心/4	9	sī	1. 思考，想问题。《论语·为政》……
					sì	心绪，情思。《汉书（八七上）·扬雄传·甘泉赋》……
					sāi	通"鬛"。见集韵。参见"于思"。
	《辞海》	下/4762	田/5	9	sī	1. 考虑；思考。如：深思熟虑；思前想后。《论语·为政》……
					sì	意思；思绪。如：诗思；文思。陆机《文赋》……
					sāi	见"于思"。
问	《汉语大词典》	12/29	門/8	11問	wèn	1. 询问，诘问。《书·吕刑》……
	《辞源》	283	口/3	11問	wèn	1. 不知而询问于人。《书·仲虺之诰》……
	《辞海》	中/2456	门/3	6	wèn	1. 有所不知而询于人以求解答。如：答非所问。《书·仲虺之诰》……

第六课

我的字典词典

2.1 我的字典词典之一：用“学”“上”组词语

学：学生　学习　学校　学期　学费｜上学　留学　同学　小学　中学　大学

上：上班　上课　上学　上网｜上边　上午　上衣　上面｜早上　晚上　马上

2.2 我的字典词典之二：组字组词语

（1）

矢　氏——低：最低
亻　豆——短：短信　短裤　短袄
冫　食——餐：中餐　西餐　快餐店　早餐　午餐　晚餐
𣦼　我——饿：我饿了
饣　欠——次：每一次

饣　虫——蛋：鸡蛋
彦　工——红：红茶　红色　粉红色　**+11.红绿灯**
忄　页——颜：颜色
纟　交——饺：饺子
⻊　白——怕：怕辣

纟　畐——富：丰富
宀　斤——所：所以
忄　卜——外：外国　外语　外币　外边　外面　老外
夕　青——情：情况　心情　热情　**+13.事情**
户　氏——纸：纸币　报纸　**+15.毛边纸　宣纸**

（2）

亻　工——空：有空　填空

禾　彡——形：形容词　形声字　形旁

开　扁——偏：偏旁　**+8.偏正结构**

氵　斗——科：科学家　百科词典

穴　夬——决：决定

田　每——海：海鲜　上海　辞海

钅　介——界：世界

氵　辛——辞：辞海　辞源

舌　大——类：分类法　**+8.种类　9.同类**

米　戋——钱：钱包　花钱　挣钱　价钱　零钱

矢　灬——熟：熟人

宀　唐——糖：糖醋

孰　原——源：辞源

米　口——知：知道　知识

氵　元——完：完全　**+13.完整**

2.3　我的字典词典之三：形旁—字—词语/声旁—字—词语

（1）形旁—字—词语

人　人口　人民币　工人　爱人　古人　中国人　**+12.总人口**

从　从来　从……中　从……到……

假　放假

你　你好　你们　迷你裙

什　什么　为什么

他　他们

代　代词　现代　古代　**+11.代表　13.商代**

低　最低

化　文化　**+12.简化**

们　我们　你们　他们　她们　它们　咱们

体　体育　个体户　繁体字　简体字

像　像……一样　好像

作　作业　作料　工作

做　做法　做到　做饭

但　但是

例　例如

偏　偏旁　**+8.偏正结构**

（2）声旁—字—词语

青　qīng　青年

清　qīng　清楚　清新

情　qíng　情况　心情　热情　**+13.事情**

晴　qíng　晴天

请　qǐng　请问　请客

精　jīng　精神

睛　jīng　眼睛

猜　cāi　猜国籍　猜意思

分　fēn　分钟　分之　分类法

粉　fěn　粉红色　淀粉

份　fèn　一份刀叉

绍　shào　介绍

招　zhāo　打招呼

照　zhào　照片　全家照

2.4 我的字典词典之四：接龙

	难					干*	净	⊠	请	问	⊠	放	假		炸	
	看	电	影		口	部		顾	客		上	学			猪	肉
		视			语						海			前	排	
洗	衣	机					年		打	电	话		后	边		
澡				京		高	级		扫			安	排			
		连	续	剧		跟										昨
播	送					儿	子		喝	啤△	酒		好		明△	天
	孩			旱	冰	鞋			热△		水		几	千	年	
桌	子						茉	莉	茶							
		农	村		简	称					马	褂		打	招	呼
	人	民		买	单	⊠	预			晚	上			篮		
可	口			卖		复	习		炒	饭	⊠	保	龄	球		
		法	国					上△	面		预				句	尾
饮	食		家	庭			汽	车			报	纸		本	子	
	堂				好	像							从	来		
				小	吃			下	班△			内			自	由
退△			中	学		必	修	课			不	容	易		治	
休	息		文△			须				需	要				区	

第七课

我的字典词典

2.1 我的字典词典之一：用“文”“话”组词语

文：文化　文学　文字｜课文　语文　中文　德文　英文　法文　**+13.甲骨文**

话：说话　会话　对话　电话｜中国话　普通话　北京话　上海话　广东话　……

2.2 我的字典词典之二：组字组词语

（1）

木　艮 ——报：报道　报纸　预报

扌　不 ——杯：杯子

音　巾 ——常：常常　常见　常用　非常

⺌　尧 ——烧：烧开

火　阝 ——部：部首　西部

火　关 ——联：联想

邦　文 ——教：教室

氵　巾 ——帮：帮助

孝　页 ——烦：麻烦

耳　曷 ——渴：口渴

𧾷　曷 ——喝：喝水　喝茶　喝酒　喝咖啡　喝汤　喝粥

口　气 ——汽：汽车

舍　方 ——旁：旁边　偏旁　声旁　形旁

亠　予 ——舒：舒服

氵　兆 ——跳：跳舞

（2）

扌　不——坏：（鱼）坏了

衤　立——位：位置　单位

亻　妾——接：接近　**+13.直接**

米　未——袜：袜子

土　青——精：精神

口　青——晴：晴天

者　未——味：味道　风味

日　艮——眼：眼睛　眼镜

目　只——识：识字　知识　认识

讠　阝——都：首都

口　者——堵：堵车

宀　更——便：（biàn）方便　随便　（pián）便宜

土　夋——酸：酸辣汤

亻　斤——听：听力　听写

酉　子——字：字典　汉字　文字　名字　形声字　繁体字　简体字

2.3　我的字典词典之三：形旁—字—词语/声旁—字—词语

（1）形旁—字—词语

食　食堂　饮食　主食　甜食　**+9.食用油**

饱　吃饱了

饿　我饿了

饭　饭馆　饭店　米饭　炒饭　热饭　早饭　午饭　晚饭　做饭　煮饭　开饭　吃饭

馆　馆子　图书馆　大使馆　美术馆　饭馆

饺　包饺子

饮　饮食

餐　中餐　西餐　快餐店

次　每一次

冰　旱冰鞋

决　决定

净　干净

况　情况

冷　天气很冷

凉　凉菜　凉鞋　凉拌

（2）声旁—字—词语

者　zhě　或者　读者

堵　dǔ　堵车

都　dū　首都

猪　zhū　猪肉　猪排

煮　zhǔ　煮饭　煮烂

活　huó　活动

话　huà　说话　对话　会话　电话　普通话　北京话　上海话　广东话

括　kuò　包括

刮　guā　刮风

渴　kě　口渴

喝　hē　喝水　喝茶　喝酒　喝咖啡　喝汤　喝粥

拼　pīn　拼音

瓶　píng　一瓶啤酒

2.4 我的字典词典之四：接龙

阅	读					满			打	招	呼		特	别		所
	出	去			猜	意	思		牌			有	点	✕	可	以
		世	界	各	国						挣	钱	✕	还	是	
例	如				籍		父	母					没	有		
	果	酱				母	亲			早	点		时			录
		油	菜			语			晚	上	✕	房	间		读	音
			单	位			吃	午	饭		开	门		或	者	
选	修	课		置			馆				始					字
		程			女	孩	子		一	样	✕	它△		查	词	典
		表	扬		翻				起	✕	你	们		辞		
	拼				译			小	✕	调	好	✕	上	海	人	
语	音		老	外			有	时	候	✕	✕	坐	车			方
文	✕	白		币		填	空			小	号				语	言
	米	色				写			睡		码		分	类	法	
吃	饭		对	不	起			中△	午				之			
点					名	片			觉*	得						牛
心	情		简	体	字	✕	收	入		到			围	巾		仔
	况		称			果	汁				迷	你	裙		短	裤

我的字典词典

2.1 我的字典词典之一：用“笔”“鞋”“服”组词语

笔：笔画 笔顺｜毛笔 钢笔 铅笔 圆珠笔 **+15.笔杆 笔头**

鞋：布鞋 拖鞋 皮鞋 凉鞋 运动鞋 旅游鞋 旱冰鞋 高跟儿鞋｜鞋店

服：服装 服务员｜衣服 西服 舒服

2.2 我的字典词典之二：组字组词语

（1）

娄 少 ——炒：炒饭 炒菜 炒面
火 攵 ——数：数词 数字 数数 岁数 **+10.绝大多数 12.大多数**

占 又 ——双：双音词 一双鞋
又 㕣 ——铅：铅笔
钅 灬 ——点：点心 点钟 点菜 有点儿 一点儿 钟点 钟点工 早点 特点 **+9.一点**

牛 占 ——店：书店 饭店 小吃店 快餐店 烤鸭店
衤 页 ——顿：一顿饭
句 库 ——裤：裤子 短裤 牛仔裤
屯 寺 ——特：特点 特别 特别行政区
广 多 ——够：不够 **+13.能够**

且 句 ——狗：狗肉
犭 斤 ——新：新闻 新鲜 清新
木 心 ——想：联想
相 羊 ——样：样子 一样 同样 这样 怎么样
亲 力 ——助：助词 帮助

（2）

讠　艮——服：服装　服务员　衣服　舒服
斤　至——室：教室　办公室
宀　隹——谁：他是谁
者　辶——近：接近　**+14.最近**
月　灬——煮：煮饭　煮烂

太　者——猪：猪肉　猪排
目　心——态：态度
犭　申——神：精神
礻　王——全：全家照　完全　**+12.全国**
人　青——睛：眼睛

冫　青——猜：猜国籍　猜意思
罒　冈——钢：钢笔
犭　吉——结：结婚　结束　结账　结构
钅　京——凉：凉鞋　凉菜　凉拌
纟　直——置：位置

2.3　我的字典词典之三：形旁—字—词语/声旁—字—词语

（1）形旁—字—词语

火　火锅

炒　炒面　炒饭　炒菜

烤　烤鸭　**+11.烤熟**

烂　煮烂

烧　烧开

炸　炸猪排

热　热情　热菜　热水　热饭

然　然后　虽然

熟　熟人　**+11.烤熟**

照　照片　全家照

煮　煮饭　煮烂

烫　汤很烫

+11.灯　信号灯　红绿灯

部　部首　干部　西部

都　首都

那　那儿　那边

（2）声旁—字—词语

生　shēng　生词　先生　学生　留学生　**+13.生病　生孩子**

姓　xìng　姓名　贵姓

性　xìng　性感

星　xīng　星期天

中　zhōng　中国　中文　中学　中午　中间　中餐　中央　**+10.期中**

钟　zhōng　钟点　钟点工　钟头　点钟　分钟　一刻钟

种　zhǒng　种类　各种

编　biān　编写

遍　biàn　念一遍

偏　piān　偏旁　偏正结构

相　xiāng　互相　**+10.相反　13.相信**

想　xiǎng　联想

湘　xiāng　湘（湖南）

箱　xiāng　箱子

2.4 我的字典词典之四：接龙

支			口		钟			过						左	边	
出	去		部	首	表		有	时	候		从	左	到	右		
	年	号		都			一				来				有	名
		码					点							常	用	
					没	事	儿			下△			再	见		
	星				关				上△	午		画			不	能
学	期		汉	学	系			堵	车	×	作	家		形		够
	日	本	人	×	×	姐				读	者			声		
				兄	弟	姐	妹		看	书			写	字		
	主						妹		电			不	错			
甜	食		句	尾		母			影			用		穿	衬	衫
		方	法			亲	戚			打				毛		
	语	言		已	经					电		喜		衣	服	
老	气				济			中	国	话		欢	迎	×	务	
师				有			时	间						演	员	
				一			候	×	皮		恶					
浅	蓝		钟	点		周		吊	带	背	心		小	姑	娘	
	草	字	头		肉	末							姐			

第九课

我的字典词典

2.1 我的字典词典之一：用“菜”“道”组词语

菜：菜单　菜系　菜油｜买菜　点菜　剩菜｜蔬菜　菠菜　花菜　芹菜　油菜　香菜
　　大白菜｜素菜　咸菜　凉菜　热菜

道：报道　公道　味道　知道

2.2 我的字典词典之二：组字组词语

（1）

氵　惪——德：德语　德文　德国
亻　去——法：法语　法文　法国　法则　方法　句法　书法　分类法　构词法
⺮　果——课　课文　课程表　必修课　选修课　上课　下课
讠　攵——散：散步
昔　监——篮：篮球

讠　监——蓝：蓝色　蓝草　浅蓝　深蓝
纟　见——览：展览
氵　及——级：年级　高级
⺌　青——请：请问　请客
艹　主——注：注意

讠　灬——热：热茶　热情
执　召——绍：介绍
𠂇　贝——资：工资　合资
次　巾——布：布鞋
纟　平——评：批评

（2）

⺊　奄——拖：拖鞋
田　员——圆：圆珠笔
囗　匕——比：比较　比赛
艹　糸——累：很累
扌　斤——芹：芹菜

此　合——给：给我发短信
艹　糸——紫：紫色
纟　直——植：植物
木　刂——班：上班　下班　西班牙语
⺩　疏——蔬：蔬菜

禾　辶——运：运动鞋
艹　𢀖——经：经济　已经　总经理
云　勾——构：构词法　结构
纟　刂——利：流利　意大利语
木　波——菠：菠菜

2.3　我的字典词典之三：形旁—字—词语/声旁—字—词语

（1）形旁—字—词语

衣　衣服　大衣　上衣　毛衣　绒衣

裤　裤子　短裤　牛仔裤

袄　短袄

衬　衬衫

袍　袍子

衫　衬衫

裙　裙子　围裙　迷你裙

褂　马褂

袜　袜子

初　九月初

装　服装

米　米饭　米色　玉米油

精　精神

料　原料　作料　**+13.材料**

糖　糖醋

粥　喝粥

（2）声旁—字—词语

作　zuò　作业　作文　作家　工作　**+15.作品**

昨　zuó　昨天

炸　zhá　炸猪排

怎　zěn　怎么　怎么样

根　gēn　根据　一根皮带

跟　gēn　跟……一样　高跟儿鞋

很　hěn　很好　很多　很忙

银　yín　银行　银白色

眼　yǎn　眼睛　眼镜

毛　máo　毛笔　毛衣　**+15.羊毛　狼毛　毛边纸**

髦　máo　时髦

蚝　háo　蚝油

常　cháng　常常　常见　常用　非常

堂　táng　食堂

2.4 我的字典词典之四：接龙

		眼	睛			搅			饮				清	新		亚
太	阳	镜			凉	拌			食	用	油		楚	×	欧	洲
极				布	鞋			提			条	子	×	美	元	
拳			介				以	前		没	×	×	法	国	×	决
	百	科	词	典		然	后			意	大	利	语	×	一	定
		学			故			特		思				有	点	
	回	家		有	事			别	的				注	意		
	答	×	请	问			旅	行	×	尤	其			思		挣
淀	×	棕		题				政	治	×	他	们			花	钱
粉	红	色				自	治	区		玉				绿	茶	
	桥		编	写		己				米		银	白	色		
				作					黄	油		行			一	
	做			文	字			南	瓜						碗	筷
写	法						西	边					酸	辣	汤	
汉			需		上	下	班				关	系		椒		
字		重	要		网	×	牙			开	门					俗
	阴					德	语		热	水		深	蓝		老	气
晴	天				作	文		蔬	菜				草	字	头	

我的字典词典

2.1　我的字典词典之一：用“词”“电”组词语

词：词典　词语｜生词　名词　动词　代词　形容词　副词　介词　数词　量词　助词｜多音词　双音词　同音词｜构词法

电：电话　电脑　电影　电视　电费　电视台

2.2　我的字典词典之二：组字组词语

（1）

女　采——菜：菜单　菜系　菜油　蔬菜　白菜　菠菜　花菜　芹菜　油菜　香菜　素菜　咸菜　点菜　炒菜　热菜　凉菜　剩菜

艹　乃——奶：奶奶　牛奶　酸奶　巧克力奶

饣　中——种：种类　各种　这种

禾　见——现：现代　现在　**+15.现成**

王　官——馆：馆子　图书馆　大使馆　美术馆　饭馆

王　官——管：管子

革　月——期：学期　星期　期中　期终

又　圭——鞋：鞋子　鞋店　布鞋　皮鞋　凉鞋　拖鞋　运动鞋　旅游鞋　高跟儿鞋　旱冰鞋

其　元——玩：出去玩

⺮　鸟——鸡：鸡蛋　鸡肉

⺍　几——肌：肌肉

月　央——英：英语　英文　英国

车　朱——珠：珍珠　圆珠笔

王　交——较：比较

艹　子——学：学生　学习　学期　学校　学费　留学　同学　上学

（2）

纟 化——花：花茶　花菜　花钱
立 衣——装：服装
壮 会——绘：绘画
扌 日——音：音节　音乐家　音乐会　发音　读音　语音　双音词　双音节　多音词　同音词　**+12.拼音**
艹 𠃓——扬：表扬

牜 少——步：跑步　散步
贝 勿——物：植物　**+15.动物**
止 周——调：（tiáo）调好　（diào）声调
讠 夕——多：多少　多云　绝大多数　大多数　大多　差不多
夕 刂——则：法则

卓 刂——别：别的　特别
⺮ 力——劳：劳驾
另 由——油：油菜　油条　食用油　菜油　豆油　香油　花生油　玉米油　黄油　酱油　蚝油
艹 韦——韩：韩语
氵 寺——等：等等　等于　**+14.等地**

2.3　我的字典词典之三：形旁—字—词语/声旁—字—词语

（1）形旁—字—词语

丝　丝绸

编　编写

级　年级　高级

红　红茶　红色　粉红色　红桥　**+11.红绿灯**

结　结束　结婚　结账　结构

绿　绿茶　绿色　**+11.红绿灯**

绍　介绍

纸　纸币　报纸　**+15.毛边纸　宣纸**

绝　绝大多数

终　期终

经　经济　已经　总经理

绸　丝绸

线　在线

绘　绘画

素　素菜　朴素

繁　繁体字

紫　紫色

（2）声旁—字—词语

周　zhōu　周末

绸　chóu　丝绸

调　tiáo调好　diào声调

几　jǐ　几个　好几　几千年

肌　jī　肌肉

机　jī　机会　手机　**+11.计算机**

斤　jīn　橘子三斤（也可以是其他东西）

听　tīng　听写　听力　听录音　听音乐

近　jìn　接近　**+14.最近**

芹　qín　芹菜

半　bàn　八点半

伴　bàn　语伴

拌　bàn　凉拌　搅拌

第十一课

我的字典词典

2.1　我的字典词典之一：用“语”“意”组词语

语：语言　语法　语音　语气｜语文｜语伴｜母语　国语　外语　口语　词语｜汉语　德语　英语　法语　日语　韩语　意大利语　西班牙语

意：意思　意见｜满意　注意　愿意

2.2　我的字典词典之二：组字组词语

（1）

寸　巴——爸：爸爸
少　丁——打：打工　打包　打牌　打扫　打电话　打招呼
刂　辶——过：过时　学过
父　目——省：省会
扌　帀——师：老师

纟　余——茶：红茶　绿茶　白茶　花茶　茉莉茶
亻　先——洗：洗澡
加　木——休：休息　退休　离休
氵　页——须：必须
艹　马——驾：劳驾

讠　古——苦：苦咖啡
艹　反——板：木板　黑板
钅　心——意：意见　意思　注意　满意　愿意
音　艮——银：银行　银白色
木　射——谢：谢谢

（2）

卬　卩——节：节目　音节
几　色——绝：绝大多数
纟　辶——迎：欢迎
扌　㐅——风：风味　风景　刮风
艹　舌——括：包括

讠　氾——范：范围
纟　圣——译：翻译
艹　匀——韵：韵母
音　辶——适：适用　合适
舌　录——绿：绿色　绿茶　红绿灯

讠　𫝀——解：了解
火　日——普：普通话
角　冬——终：期终
並　十——计：计算机
纟　考——烤：烤鸭　烤熟

2.3　我的字典词典之三：形旁—字—词语/声旁—字—词语

（1）形旁—字—词语

草　草字头　蓝草

菜　菜单　菜系　菜油　蔬菜　白菜　菠菜　花菜　芹菜　香菜　油菜　素菜　咸菜　凉菜
　　热菜　剩菜　点菜

茶　红茶　绿茶　花茶　白茶　茉莉茶

花　花茶　花菜　花钱　花椒粉　花生油

节　节目　音节

蓝　蓝草　蓝色　浅蓝　深蓝

茉　茉莉茶

蔬　蔬菜

菠　菠菜

蘑　蘑菇

芹　芹菜

莉　茉莉茶

范　范围

英　英语　英文　英国

苦　苦咖啡

+14.薄　薄木片　薄竹片

+15.艺　艺术

（2）声旁—字—词语

反　fǎn　相反

饭　fàn　饭馆　饭店　吃饭　开饭　炒饭　做饭　煮饭　早饭　午饭　晚饭

板　bǎn　木板　黑板

版　bǎn　出版

京　jīng　京剧　北京　南京

凉　liáng　凉鞋　凉菜　凉拌

景　jǐng　风景

影　yǐng　电影

打　dǎ　打包　打工　打牌　打扫　打电话　打招呼

灯　dēng　红绿灯　信号灯

顶　dǐng　一顶帽子

钱　qián　钱包　价钱　挣钱　花钱　零钱

浅　qiǎn　浅蓝

线　xiàn　在线

2.4　我的字典词典之四：接龙

		韵					好	东	西		对	面		有	帮	助
	声	母		柿		白	酒		北	京△	话			关		词
偏	旁		鸭	子		开						中	文	系		
正					热	水			适			央				但
结	束			心	情			常	用		绒				还	是
构			干*	部			意	见	╳	大	衣			只	有	
			净				思		电	脑			就	是	╳	跑
		管		范	围				视			好	像		散	步
吃	馆	子			裙	子		手	机		难	吃				
火							代	表		听	懂			副		
锅		短	信			介	词			录				词	语	
			号	码		绍			同	音	词				言△	
	红	绿	灯	╳	交	╳	妇	女					朴		学	习
紫	色			普	通	话	╳	青		说	明		素	菜	╳	惯
		绝					去	年			白	菜			顾	
		大		零			世	╳	蔬				足		客	人
		多	少	钱				香	菜			篮	球			民
	岁	数				玉	米	油					赛		货	币

第十二课

我的字典词典

2.1 我的字典词典之一：用“油”“不”组词语

油：油菜　油条｜食用油　菜油　豆油　香油　花生油　玉米油｜黄油　酱油　蚝油

不：不错　不用　不同　不行　不客气　不在了｜对不起　差不多

2.2 我的字典词典之二：组字组词语

（1）

木　力——男：男孩儿　男青年
田　寸——村：农村
正　心——您：您好
你　辶——还：还是　还有
不　攵——政：政治　政府　特别行政区

⺮　正——证：证书
亻　佰——宿：宿舍
日　乍——作：作文　作业　作家　作料　工作　+15.作品
宀　昇——算：计算机
讠　免——晚：晚上　晚饭

耳　贝——员：演员　服务员
口　大——因：因为
女　辶——通：交通　普通话
甬　台——始：开始
囗　攵——敢：不敢

（2）

氵　心——愿：愿意

囗　阝——那：那儿　那边

月　票——漂：漂亮

扌　韦——围：围巾　围裙　范围

原　彐——扫：扫盲　打扫

土　丂——号：号码　信号灯

阝　成——城：城里

口　商——摘：摘掉

扌　鸟——鸭：鸭子　烤鸭

甲　完——院：医院

巾　京——景：风景

月　隹——推：推广

日　牛——件：一件衣服

扌　冒——帽：帽子

亻　月——朋：朋友

2.3　我的字典词典之三：形旁—字—词语/声旁—字—词语

（1）形旁—字—词语

手　手表　手机　手工　手套

打　打包　打工　打牌　打扫　打电话　打招呼

找　找语伴

把　把肉切成丝

报　报纸　报道　预报

据　根据

摘　摘掉

推　推广

拼　拼音

排　安排　后排　前排

批　批评

扫　扫盲　打扫

括　包括

接　接近　**+13.直接**

掉　摘掉

看　看到　看见　好看　难看

拿　拿到

（2）声旁—字—词语

交　jiāo　交通

饺　jiǎo　饺子

较　jiào　比较

校　xiào　学校

付　fù　付房租　（也可以是其他费用，如“学费”“手机费”等）

府　fǔ　政府　首府

腐　fu　麻婆豆腐

忙　máng　很忙

盲　máng　文盲　扫盲

忘　wàng　忘了

望　wàng　希望

谁　shuí　他是谁

推　tuī　推广

维　wéi　维吾尔文

2.4 我的字典词典之四：接龙

总	经	理		小			结	账		拿	到					因
人			大	学	生		婚		摘	掉			简		认	为*
口	语		多		词				帽			文	化	知	识	
	气		数	量				瞎	子		扫	盲		道		数
				词		互	相								文	学
		各	种		认		反				多	云		汉	字	
	全	国		不	识	字		留		最	少			语		
回	家		做	到			工	作		低			拼	音		
	照	片				贵		业				同		节	目	
				流		姓	名		硬		分	类	法			双
		意	大	利	语		人	民	币		之		则			音
	听	见			言							毛		单	音	节
	写			同	学		东	西			上	衣		位		
			那	样		愿		北	京	大	学		袜			芹
		这	些		注	意				使		靴	子		花	菜
没	事	儿						图	书	馆					生	
					可	能			法		证	书		豆	油	
				但	是		科	学	家			店		浆		

第十三课

我的字典词典

2.1 我的字典词典之一：用“法”“音”“后”组词语

法：法语　法则｜方法　做法　写法　书法　语法　句法　分类法　构词法

音：发音　读音　语音　拼音｜多音词　双音词　同音词

后：后天　后年　后来　后边　后排｜今后　以后　然后　先后　最后

2.2 我的字典词典之二：组字组词语

（1）

冈　刀——分：分钟　分之　分类法
八　刂——刚：刚到
女　卓——掉：摘掉
扌　见——视：电视　电视台
礻　生——姓：姓名　贵姓

广　生——星：星期
木　丁——灯：红绿灯　信号灯
扌　几——机：机会　手机　计算机
口　付——府：政府　首府
火　并——拼：拼音

日　心——怎：怎么　怎么样
乍　令——龄：保龄球
口　易——踢：踢足球
𧾷　向——响：哗哗响
齿　月——明：明天　明年　明白　发明　光明　说明

（2）

疒　正 ——整：完整

敕　丙 ——病：看病　生病

讠　才 ——材：材料

目　己 ——记：记录

木　害 ——瞎：瞎子

讠　目 ——盲：文盲　扫盲

立　舌 ——话：说话　会话　对话　电话　普通话　上海话　北京话　广东话　……

亡　矢 ——医：医院

匚　戈 ——找：找语伴

扌　占 ——站：站在前面

亥　戈 ——战：战争

木　手 ——拿：拿到

占　辶 ——这：这儿　这么　这些

合　刂 ——刻：一刻钟

文　目 ——相：相反　相信　互相

2.3　我的字典词典之三：形旁—字—词语/声旁—字—词语

（1）形旁—字—词语

边　东边　西边　南边　北边　上边　下边　左边　右边　前边　后边　里边　外边
　　旁边　**+15.毛边纸**

遍　念一遍

道　公道　知道　报道　味道

过　过时　学过

还　还是　还有

送　送孩子　播送

这　这儿　这么　这些

迷　迷你裙

运　运动鞋

退　退休

近　接近　**+14.最近**

适　适用　合适

通　普通话　交通

见　见面　看见　再见

览　展览

视　电视　电视台

（2）声旁—字—词语

正　zhèng　正在　正确　偏正结构

证　zhèng　证书

政　zhèng　政治　政府

整　zhěng　完整

定　dìng　一定　决定

争　zhēng　战争

挣　zhèng　挣钱

净　jìng　干净

己　jǐ　自己

记　jì　记录

起　qǐ　起床　起名字　一起　对不起

甲　jiǎ　甲骨　甲骨文

鸭　yā　鸭子　烤鸭

2.4　我的字典词典之四：接龙

	绝	大	多	数		听	写		偏	正	结	构				运
		学		字		力		形	旁			词				动
留	学	生						声		手		法	则		皮	鞋
	校		以	上		繁	体	字		工	具			打	包	
				课	文		育		写			材		扫		甲
	胡	同				圆		书	法		作	料				骨
		学	生		珍	珠				农	业				中	文
			孩			笔	顺			民				英△	国	
	一	下	子				序		晚				韩	语		中
决	定								上	衣						国
		费		烤	熟		刮	风		服	装		互		绘	画
	有	用			人	口		景					相	信		
	名		剩			渴			记	录		机		息		首
		热	菜		南△		直	接		音	乐	会			政	府
	事	情		那	边			近			器		麻	烦		
祖			这	儿					文	学			婆		舒	服
先	外	后	里		凉	鞋		简	化		所		豆	油		务
		来		山	水		买	单		可	以		腐			员

第十四课

我的字典词典

2.1 我的字典词典之一：用“点”“习”“时”组词语

点：点菜　点心　点钟｜早点　特点　钟点　一点｜一点儿　有点儿

习：习惯｜学习　预习　复习　练习

时：时间　时候　时髦｜小时　当时　过时

2.2 我的字典词典之二：组字组词语

（1）

景　力——务：服务员
夊　彡——影：电影
首　自——咱：咱们
口　庄——脏：碗筷很脏
月　辶——道：报道　公道　味道　知道

米　土——堂：食堂
钅　台——治：政治　自治区
走　中——钟：钟头　钟点　钟点工　分钟　一刻钟
氵　斗——料：材料　原料　作料
尚　己——起：起床　起名字　一起　对不起

又　戉——越：越来越
走　心——息：信息　休息
礻　喿——澡：洗澡
氵　且——祖：祖先
自　欠——欢：欢迎　喜欢

（2）

弓　工——差：差不多

⺶　长——张：一张纸

夫　㐱——珍：珍珠

门　日——春：春秋

王　吉——周：周末

丬　言——信：信息　信号灯　短信　相信

子　巾——帛：帛书

木　乚——孔：孔子

白　攵——收：收入　收汁

亻　交——校：学校

讠　溥——薄：薄木片　薄竹片

氵　且——宜：便宜

艹　求——球：篮球　足球　保龄球

宀　式——试：考试

王　永——泳：游泳

2.3　我的字典词典之三：形旁—字—词语/声旁—字—词语

（1）形旁—字—词语

刀　刀叉

分　分钟　分之

班　上班　下班　西班牙语

初　九月初

切　切成

副　一副手套

刚　刚到

刮　刮风

刻　一刻钟

利　流利　意大利语

剩　剩菜

则　法则

雨　下雨

雪　下雪

零　零钱

需　需要

（2）声旁—字—词语

元　yuán　欧元　美元　日元

玩　wán　出去玩

完　wán　完全　完整

院　yuàn　医院

占　zhàn　占大多数（或占80%）

战　zhàn　战争

站　zhàn　站在前面

店　diàn　书店　饭店　小吃店　快餐店　烤鸭店

直　zhí　直接

植　zhí　植物

置　zhì　位置

成　chéng　切成　染成　**+15.现成**

城　chéng　城里

2.4 我的字典词典之四：接龙

				一	共				声	调					旁	
	不		同	样		练		形	旁			老		哪	边	
现	在		音		复	习		容			先	外	后	里		零
	了*	解	词	义			数	词			后		来		花	钱
						少	量		双		顺				生	
	本				麦				音		序		食	用	油	
越	来	越		竹	片			代	词				堂			旅
			木	简			手	表				有				游
		黑	板		计	算	机				填	空			皮	鞋
	黄	色		作				结		书	写			书	包	
	河		原	料		读		构	词	法		烤	鸭	店		
		木				出	土					熟				
故	事	片	儿		哲		豆	浆		完	全					母
	情			开	学		泥			整		最	近		英	语
		女	士		家	庭		皇			今	后		美	国	
		儿					天	帝		昨	天		欧	元		
烧	开		教		不	客	气		当			亚	洲		生	病
	办	公	室		同				时	候				助	词	

第十五课

我的字典词典

2.1 我的字典词典之一：用“有”“数”“会”组词语

有：有名　有事　有的　有些　有关｜有时候　有意思　有关系　有点儿｜没有　还有

数：数词　数量　数字　数数｜多数　岁数　大多数　绝大多数

会：会话　一会儿｜机会　开会　社会　省会　音乐会

2.2 我的字典词典之二：组字组词语

（1）

女　丂——考：考试
耂　未——妹：妹妹　姐妹
黑　那——哪：哪儿　哪里　哪些
口　𠤎——能：能够　可能　不能
自　土——墨：墨汁

扌　口——名：名字　名人　名片　名词　姓名　有名
亻　夕——岁：岁数
矛　十——什：什么　为什么
山　比——批：批评
夕　木——柔：柔软

艹　尔——你：你们　你好
亻　骨——滑：光滑
纟　良——狼：狼毛
犭　东——练：练习
氵　乙——艺：艺术

（2）

亻	相	——箱：箱子
石	亘	——宣：宣纸
宀	也	——他：他们
𠂉	见	——砚：笔墨纸砚
⺮	亇	——竹：竹片　竹简　竹子　竹笋

⺮	玉	——宝：文房四宝
木	间	——简：简单　简称　简化　简体字　竹简　木简
宀	吏	——使：大使馆
亻	殳	——般：一般
舟	干	——杆：笔杆

车	石	——磨：磨墨
氵	火	——秋：春秋
麻	異	——戴：戴帽子
禾	欠	——软：柔软
𢦏	十	——汁：果汁　墨汁　橘子汁　收汁

2.3　我的字典词典之三：形旁—字—词语/声旁—字—词语

（1）形旁—字—词语

木　木板　木片　木简

本　本来

染　染成

条　条子　油条　面条

柔　柔软

样　样子　这样　同样　一样　像……一样

村　农村

材　材料

根　根据　一根皮带

杯　杯子

构　构词法　结构

机　机会　手机　计算机

相　相反　相信　互相

校　学校

植　植物

杆　笔杆

休　休息　退休　离休

（2）声旁—字—词语

见　jiàn　见面　再见　看见　意见

现　xiàn　现在　现代　现成

砚　yàn　笔墨纸砚

干　gān　干净

　　gàn　干部

杆　gǎn　笔杆

旱　hàn　旱冰鞋

且　qiě　而且

姐　jiě　姐姐　姐妹　小姐

租　zū　房租

祖　zǔ　祖先

浪　làng　浪费

狼　láng　狼毛

娘　niáng　姑娘

2.4 我的字典词典之四：接龙

等	等				好△	看			武				农			绘
	地	方				书	法	艺	术		留	作	业		笔	画
		法	语							韵		品		钟	头	
现			文	房	四	宝			声	母				点		
代	表			租					调				打	工		
	示		双				古					面	包	×	米	饭
			音	节		现	代	汉	语		油	条	×	黑	色	
	多	音	词		染	成				菠	菜	×	木	板	×	狼
最	少							光	滑			竹	简	×	羊	毛
后			辅	导			发	明			名	片		肌△	肉	
				演	员		短			动	词					
	看	电	视			相	信		植	物	×	见		等	地	
生	病										对	面		于		
孩			直	辖	市						话				铅	
子			接		场			少						毛	笔	
	笔	杆					大	量		公		钢		边		
老	头			随		下	雨	×	报	道		笔	墨	纸	砚	
师			方	便		雪		宣	纸				汁			